本书为国家社科基金重大项目"生成语法的汉语研究与新时代汉语语法理论创新"（项目编号：18ZDA291）阶段性成果；此次出版得到山东大学（威海）文化传播学院资助。

博士生导师学术文库

A Library of Academics by
Ph.D.Supervisors

的

——句法—韵律互动视野里的探索

庄会彬 著

光明日报出版社

图书在版编目（CIP）数据

的：句法—韵律互动视野里的探索 / 庄会彬著 . --

北京：光明日报出版社，2021.6

ISBN 978 - 7 - 5194 - 6004 - 4

Ⅰ.①的… Ⅱ.①庄… Ⅲ.①"的"字—研究 Ⅳ.

①H146.2

中国版本图书馆 CIP 数据核字（2021）第 077962 号

的：句法—韵律互动视野里的探索

DE：JUFA—YUNLU HUDONG SHIYE LI DE TANSUO

著　者：庄会彬	
责任编辑：李　倩	责任校对：刘欠欠
封面设计：一站出版网	责任印制：曹　净

出版发行：光明日报出版社

地　　址：北京市西城区永安路 106 号，100050

电　　话：010-63169890（咨询），010-63131930（邮购）

传　　真：010 - 63131930

网　　址：http：//book. gmw. cn

E - mail：gmcbs@ gmw. cn

法律顾问：北京德恒律师事务所龚柳方律师

印　　刷：三河市华东印刷有限公司

装　　订：三河市华东印刷有限公司

本书如有破损、缺页、装订错误，请与本社联系调换，电话：010-63131930

开　　本：170mm×240mm

字　　数：207 千字　　　　　　　印　　张：14

版　　次：2021 年 6 月第 1 版　　　印　　次：2021 年 6 月第 1 次印刷

书　　号：ISBN 978 - 7 - 5194 - 6004 - 4

定　　价：95.00 元

序

　　爱徒庄会彬又有新作出版，作为他的导师，我应该是无比欣慰的！但这次会彬送来的是一部关于"的"的专题研究——《"的"：句法—韵律互动视野里的探索》。乍看题目，我还是吃了一惊。要知道，这个题目可不是容易做的，且不说这个"的"在语法上多么难以捉摸，只看研究"的"的文献有多少就令人震撼，单是朱德熙先生一人之作，就有十几篇。如下：

- 《说"的"》，《中国语文》1961 年第 12 期。
- 《句法结构》，《中国语文》1962 年第 8~9 期。
- 《关于〈说"的"〉》，《中国语文》1966 年第 1 期。
- 《"的"字结构和判断句》，《中国语文》1978 年第 1、2 期连载。
- 《北京话、广州话、文水话和福州话里的"的"字》，《方言》1980 年第 3 期。
- 《语法讲义》，商务印书馆，1982 年。
- 《自指和转指——汉语名词化标记"的、者、之、所"的语法功能和语义功能》，《方言》1983 年第 1 期。
- 《关于向心结构的定义》，《中国语文》1984 年第 6 期。
- 《从方言和历史看状态形容词的名词化》，《方言》1993 年第 2 期。
- 《关于"的"字研究的一点感想——在中国语言学会第六届学术

年会上的书面发言》，《中国语文》1993 年第 4 期。

● 《朱德熙文集》，商务印书馆，1999 年。

无疑，研究"的"，对作者的文献功夫有着极大挑战。而要突破以往研究之藩篱，推陈出新，那就更是难上加难！所以，看完这个题目，我的心就沉了下来——作为英语出身的会彬能不能 handle 得了这一选题？其文献功底到底够不够扎实？他能不能做出新意？带着这一系列的担忧，我认真读完了会彬的新著。

出乎意料的是，翻完会彬的书稿后，我竟然完全没有了担忧。这部书写得还真是不错，会彬不光文献功夫扎实，布局合理，在解释上也做到了不落窠臼。

先看其布局，该书共分七章。

第一章回顾"的"的研究历史及现状。

第二章从句法的角度考察"的"的问题。基于对"的"的性质、分类以及历史渊源的考察，作者提出"的$_3$"可以充当 DP 中心语。

第三章从韵律语法的视角考察了"的"字的作用。"的"作为一个黏附成分，在构建汉语节律的过程中起到极其重要的作用。作者对韵律词法和韵律句法中的"的"分别予以考察，解释了"饲养军马的方法"等词法现象以及"我的老师没当成"等句法现象，从语言事实和理论研究两个角度阐明了"的"在韵律语法中的作用。

第四章从句法—韵律的角度，对"的"进行了考察，进而对"的"的隐现规律做了解释。

第五章将"的"放在句法—韵律互动的视角下审视。从句法上来讲，汉语的"的$_3$"实际上是一个 D 成分，它的介入势必导致一个句法词转换成 DP 短语。而从韵律上来讲，"的"又是一个黏附成分，它的出现会强制切分黏附组，如果插入句法词当中，该句法词将无法再识读为"词"，而只能识读为"语"。也就是说，句法词与"的"字短语形似而神异，其差别主要来自"的"的句法本质和韵律特征。

第六章对分裂句中的"的"做了讨论。作者采纳了语气词观，并在此基础上赋予其句法地位，即 FinP 的中心语成分，并从句法和韵律上给予"的$_E$"以解析和探究。

最后一章是结语。

可以说，整部书的布局还是合理的，其逻辑性很强，会彬先是回顾以往的研究，再考察"的"的性质、分类及历史渊源，进而从韵律语法的视角对"的"的作用和分布做了研究，并予以解释。而且，总体说来，这部书还有以下三个特点。

首先，该书突破以往研究的藩篱，既独辟蹊径，又兼容并包。一方面他挖掘前贤所未逮。如对于"的"的探讨，以往研究主要集中于朱德熙先生所归纳的三类"的"，本研究不仅对这三类"的"有所关照，还较好地顾及下面"的"的用法及特点。

（1）你别泼他的冷水。

（2）他的老师当得好。

很显然，这类"的"在以往的研究理论框架下，处理起来颇为棘手。会彬则敏锐地意识到，这种"的"是一种韵律的"的"。与此同时，会彬还表现出了他对多种研究范式的包容。作为一个从事语言学研究多年的青年学者，会彬并没有毅然决然地坐上哪一个学派的战车，为其冲锋陷阵、攻城略地。有时候，旗帜鲜明，立场坚定，固然是一种方式，可以找到靠山，可以获得最大限度的帮助。但万事万物都是矛盾和相克的，过于鲜明当然也就有了孤注一掷的特性，它就少了灵活自如，少了回旋变化的巧妙。而找靠山也不无问题：一旦如此，就只能是依附在别人战车上的一个轮毂，一个扶手，或者刀具，自己没有了独立，没有了自由，只能在一个特定的圈子里做一些特定的事情。这不是会彬想要的模式，会彬更希望在这个刀光剑影的学术决斗场上，用他自己独特的手法，绘制出一片更为炫丽的辉煌，这就首先要独立出来，而不是给自己套上派系的枷锁。

其次，理论框架方面，沿用转换生成语法理论，兼顾韵律、语义、历史、信息结构等方面，统筹兼顾，全面考察。该书以形式语言学的视角审视

"的"的问题，给"的"以地位。在"的"的句法地位问题上，以往的研究多有争执，但总体说来，矛盾重重，多数研究无法做到自圆其说，更莫说自洽。该书的长处就在于它从句法、韵律双重视角对"的"进行了考察，并从这两个角度非常贴切地给出了"的"的地位。作为一部对"的"的专书研究，该书开创性地采用了句法—韵律互动的视角。应当说，这一视角是合理的，它不仅是一个新的视角，更是一个合理的方案。会彬通过大量的文献整理，以不争的事实向学界表明，汉语"的"的问题，不仅是一个句法问题，还是一个韵律问题，为解决这个长久困惑学界的问题迈出了坚实的一步。

应当说，跳出单一句法模块的局限，以多维视角研究汉语的"的"是该书最大的特色。的确，虽然部分"的"可在句法层面上推导完成，但还有（很大）一部分是无法完全按照句法推导完成的，它们可能是在从句法层面向音系层面以及句法层面向语义层面的投射过程中形成的。

最后，除了其观点及视角令人耳目一新，该书还为汉语乃至其他语言的研究提供了发现问题与解决问题的新方法。该书严格贯彻了现代科学的方法，即冯胜利先生所倡导的尽观察（Observation）、准分类（Classification）、掘属性（Characterization）、建通理（Generalization）、溯因/回溯推理（Abduction）、演绎推理（Deduction）、预测有无（Prediction）和核验现实（Verification）。

除此之外，我还得知，会彬开展研究时，努力避免了生成语法传统内省法的不足，借助于句子的合法性调查做出判断，并辅以语料库获取语料（尤其是历史语料），以确保语料的恰当性，乃至结论的正确性。很显然，作者在考察语料、做出判断时，还是格外小心的，尤其在具体考察汉语"的"字来源时，既从共时的层面上考察，又从历史的视角审视这些现象，确保了所做出的解释不会与历史语料相冲突。

正是有了以上几点，该书作为一部系统研究汉语"的"问题的著作，在以下几个方面做到了较好的研究。

第一，文献梳理系统全面。作者在梳理文献方面的功夫颇为值得一书。作者对中外学者有关双音化及相关问题研究的文献进行了穷尽式的搜罗整理，编制了由近300条文献构成的"参考文献"。这份目录本身就是一份珍贵的学术文献，具有极高的学术含量。作者经过一番梳理回顾，指出在"的"的来源上，学者们虽然有过大量的研究，但目前仍然聚讼纷纭，莫衷一是。其诸多意见可分为两类：一是自古而然；二为后来发展。相对而言，"自古而然"难以成立；而从历时视角发展而来的后来发展观则成为不二之选。

第二，化繁为简，统一解释，并做到了理论的自洽。上面已经谈到，"的"的问题涉及纷繁复杂的方方面面。该书作者却能化繁为简，从大处着眼，紧抓分布、功用、隐现三个方面，以类概之，从而达到纲举目张之目的，使纷繁复杂的双音化现象变得逐渐清晰起来。当然，这种统一解释或许与作者的形式背景有关，但从中也可以窥见作者所下的功夫。

第三，透过现象看本质。书中对很多现象（或者说以往的解释）做到了透过现象看本质。譬如，针对曾经长期阻碍学者们探究"的"的功能说，作者就提出了发人深思的问题："的"的出现和功能差异何者为因何者为果？是先有"的"还是先有功能差异？作者再带着读者抽丝剥茧，带读者走出种种误区，一步一步把问题说明白。

是为序。

2019 年 12 月 12 日

目 录
CONTENTS

第一章

"的"的研究现状

第一节　引言

关于"的"①的研究由来已久。作为现代汉语中最为常用的结构助词，"的"在现代汉语的地位毋庸置疑。然而，要把"的"作为一个研究对象来谈，这却是一个沉重的话题。事实上，从威妥玛一百多年前的《语言自迩集》到今天，"的"的研究就一直是猜测和揣度并存。如下面的例子（Wade，1886：19）：

很	裏	是	買	沒	四	有 他 8
多。	買	我	賣	有	個	三 那
買	東	的。	那	那	我	個 舖
東	西	那	個	麼	們	西 子
西	的	舖	舖	大	這	城 東
的	那	子	子	的	兒	有 城
人	舖					

8. His shops are three in the east division of the city, and four in the west; we have no business so large here. That shop is mine. There is a large number of people buying things in that shop; or, the number of people, etc., is large.

Obs. 1.—His shops, *lit.,* his those shops.
Obs. 2.—We, *wo-mên,* the person addressed being an outsider.
Obs. 3.—*Ti* has probably no more than a rhythmical function.

---

① 沿袭前贤的做法，本研究对现代汉语的"的"和"地"不做区分，统一记作"的"。

上面附注指向不明。这部书的中文译者张卫东，在翻译这部书的时候，将此处做了清晰的标注。如下（威妥玛，2002：67）：

> **3.8** 他那铺子①东城有三个，西城有四个，我们②这儿没有那么大的③买卖。那个铺子是我的。那铺子里买东西的人很多。
> 注：①等于说"他的那些铺子"。
> ②我们：跟外人称自己的时候用"我们 mo-mên"（*the person addressed being an outsider*）。
> ③的 ti：在这里除了韵律功能，大概没有别的作用。

要对"的"定性的难度，由此可见一斑——很多时候"的"让你看不透，道不明。其出现频率之高①，其分布之广②，令学者们不得不重视；然而，其引发的争议之大，却又令人咋舌。

从 19 世纪到今天，有关"的"的研究文献，可谓汗牛充栋。且不说早期拓荒性的著作，新中国成立以后对"的"的研究真正是进入了黄金时代。其中最具代表性的就是朱德熙的《说"的"》（载于《中国语文》1961 年第 12 期）及其后续系列著述，以及其他无数有关"的"的文献，如黄国营的《"的"字的句法、语义功能》（载于《语言研究》1982 年第 1 期）以及徐阳春的《关于虚词"的"及其相关问题研究》（复旦大学博士论文，2003a），已经对"的"字的用法做了详尽描述。

20 世纪 80 年代以来，随着生成语法研究的深入，国内外的学者开始在生成语法的框架内对"的"进行探讨性解释。其中最有代表性的有：司富珍（2002）提出"的"为标句语（C^0 或 complementizer）；Ning（1995，1996）将"的"看作一个独立功能投射（DeP）的中心语；Simpson（2001，2002）提出"的"为 DP 的中心语。这些观点的提出，在语法界引起了强烈反响，有人赞成（吴刚，2000；司富珍，2002，2004；陆俭明，2003；熊仲儒，

---

① 完权（2018：1）注意到：根据《现代汉语常用词词频词典》统计，"的"的词频高达 6.53%，状语标记"地"的词频 0.14%；与此相对照的是："是"和"了"的词频，分别为 2.1% 和 1%。

② 完权（2018：1）指出，"的"在词、短语、句子等层面都普遍存在，甚至在话语层面，"的"也发挥其功能。

2005，2008；张念武，2006；何元建、王玲玲，2007；等等），也有人反对（周国光，2005，2006；杨永忠，2008，2010；等等）。另外，从其他研究视角开展的研究也多有建树，如张敏（1998）、陆丙甫（2003）。

对于"的"的热议，且不论其赞同还是讨伐，我们不能不思考为什么"的"的问题会带来如此多的争议？而这，恰是从一个侧面折射出"的"的研究有其重大的研究价值和学术意义。

的确，"的"的研究有多个方面的意义，我们且列出三点。

第一，"的"研究的开展其实是一种透过个别现象看语言共性的典型个例。在语言个性中寻找语言共性是生成语法研究的重要路向。在语言研究中，常常会有这样的事情发生：某种现象只见于一种或少数几种语言，但它对于揭示这一现象背后的某种语言共性的东西却有着重要的意义和价值，在发掘某些隐性的语言本质方面，则有着不可企及的优越性。这一点在以往的研究中已多有证实。虽然"的"的现象主要见于现代汉语，但它所折射的现象则见于各种语言。因此，深入了解这一现象，必然有助于进一步开展对语言共性的探索。

第二，探讨"的"的本质，反思以往研究中存在的问题。汉语"的"的现象并非单纯是句法运作的结果，后面我们会在具体讨论中看到，不同"的"的推导还牵涉不同的制约机制，如韵律规整、信息结构以及历史因素等。以往对于这类现象的研究多是运用单一视角，把各种"的"的现象放到一起，给出一个统一的解释。然而，统一解释的背后是对个性的扼杀。这种做法无异于掩盖了个别"的"的现象的特有推导机制问题。因此，要对"的"所表现的"的"的问题做出恰当解释，有必要将各种"的"的现象进一步分类，采用多维视角考察并给出解释。

第三，为探讨汉语的其他现象打开新的研究思路——多维视角。各种"的"虽然表面类似，但其产生机制却不相同，不宜一概而论。在其推导过程中，由于句法、韵律、信息结构等各种因素错综交织，纷繁复杂，要揭示其内部的运作机制，单一层面的研究是不够的，而必须综合多方面的因素，统筹兼顾，全面考察，如此，方能做出恰当的解释。本研究基于生成语法，兼顾韵律、历史、信息结构等因素，这是近年来研究的一条新思路。

另一方面，"的"有其实际应用价值。

一是汉语教学。"的"所表现的"的"的现象在汉语教学中一直都是受关注的热点，然而，直到今天，我们的教师只能告诉学生"应该如此理解"，而不能解释"为什么如此理解"。本研究的重要性不言而喻。另外，本研究还能为汉语教学提供理论指导、教学策略和方法指导以及教学素材。

二是语言信息处理。"的"的现象的研究成果可以直接（或间接）应用到汉语分词、词性标注、句法分析、词义消歧、机器翻译、语言模型建立、语料库技术、信息检索、信息抽取等多个方面。毋庸赘言，本研究对自然语言处理具有重要价值。

为了较好地开展"的"的研究，我们有必要专设一章，对"的"的研究现状做一呈现。本章将在后面设立两节对以往的研究加以回顾，说明如下：第二节回顾以往对"的"的分类研究；第三节回顾了"的"的历史来源研究。

第二节　"的"的分类研究

早在结构主义语法时代，无数关于"的"的文献尝试对"的"做出界定或讨论。其中比较有影响的便有"介词说"（黎锦熙，1924：20）、"修饰关系的明确标记说"（marker of explicit modification）（陈琼瓒，1955；Chao，1968：285）、"连词说"（张静，1980：111）、"助词说"（朱德熙，1982：40）、"连接标记说"（associative marker）（Li & Thompson，1981：111；杨永忠，2008）、"格标记说"（Case-marker）（Tsai，1994），等等。然而，多数语言学家已经意识到，"的"的界定不能一概而论，而必须分而"解"之。其中，尤其值得称道的是朱德熙先生有关"的"的系列著述。

朱德熙先生最早是将"的"一分为三的，详情如下。

1. 副词性语法单位的后附成分，记作"的₁"，主要出现在部分双音节副词后构成副词性语法单位。例如：忽然的、简直的、渐渐的。

2. 形容词性语法单位的后附成分，记作"的$_2$"，主要出现在形容词重叠式后构成状态形容词。例如：瘦瘦的、甜甜的、胖胖的。

3. 名词性语法单位的后附成分，记作"的$_3$"，出现在名词、动词、性质形容词、人称代词以及各类词组后构成名词性语法单位。例如：白的、吃的、昨天的。

之后，朱先生又指出汉语中存在语气"的"（黎锦熙，1924：315-317；王力，1943/1947：338；吕叔湘，1944：211-214；朱德熙，1978），暂记作"的$_E$"，如：

（1）我昨天来的。

此外，司富珍（2002）还提出了标句语"的"，我们将其记作"的$_C$"，如：

（2）我喜欢的女孩

很显然，"的$_E$"主要用于焦点结构［通常以"（是）……的"形式出现］；而"的$_C$"在句法结构上所占据的位置是 CP 的中心语。

另外，对语言事实的发掘表明，可能还存在第六种"的"，即纯粹为满足韵律运作而插入的"的"（从而派生出部分伪定语等结构）（见庄会彬、刘振前，2012），后面会有详细讨论。

除了"三分说"，学界较有影响的"的"分类，还有黄国营先生（1982）所倡导的"两分法"：一个"的"不改变其前置成分的语法性质；另一个"的"改变其前置成分的性质，亦即描述性的"的"和区别性的"的"（陆丙甫，2003）。前者相当于朱德熙先生（1961）的"的$_1$"和"的$_2$"，后者相当于朱先生的"的$_3$"。

无论是"三分说"，还是"两分说"，其出发点都是基于意义。朱德熙（1961）的观点就是，三个"的"虽然同音，但意义却不相同，如不区分，"的"就"没有固定的语法意义"。或许也正是因为有了这种思想的启迪，很快就有学者开始在研究中再次寻求统一的"的"（如黄景欣，1962；吕叔湘，1962）。

事实上，在新中国成立之前，学者已经有了三个"的"统而为一的想法，譬如高名凯（1944/1990：34-35）就曾指出：

> "的"字和"底""地"在发音上是相同的，所以只是一个共同的形式。即按其意义说，虽然用翻译的办法，这同样的发音形式可以相当于西洋语言中的领格、形容词、副词以及关系代名词等，可是这只是一种割裂的办法。这种意义实在可以归纳在一个范畴之内，称之曰："规定关系"，而"的"字也可以叫作"规定词"。……这种规定关系在印欧语言中各种不同的表示较小观点的语法形式。……然而，中国语并没有特别的形态去分别这些观念，中国语只有一个"的"字去表达这一切的观念。

"的"的分合问题，不仅给早期的研究带来了争议（黄景欣，1962；吕叔湘，1962；陆俭明，1963），即便到了20世纪下半叶，随着国际上生成语法研究的异军突起，国内外学者对"的"的探讨也出现了分合的争议。其中较有代表性的有：

1. "合"的观点：Ning（1995，1996）将"的"看成是一个独立功能投射的中心语（DeP），司富珍（2004）对此做了进一步的论证；

2. "分"的观点：司富珍（2002）提出关系从句的标记"的"视为标句语（C^0 或 complementizer）；Simpson（2001，2002）提出标记名词性修饰成分的"的"为DP的中心语。

总体说来，"分"的支持者相对更多（吴刚，2000；司富珍，2002；陆俭明，2003；熊仲儒，2005，2008；张念武，2006；何元建、王玲玲，2007；

庄会彬，2014a，2014b；等等）。但不管怎样，这一阶段对"的"研究的一个总体趋势是，对各种"的"的处理该"分"还是该"合"的纠结。有的学者针对三种"的"给出统一解释，如 Ning（1995，1996）、司富珍（2004），也有的学者只针对部分的"的"（"的₃"）努力做出解释，如熊仲儒（2005）、庄会彬（2014a）等。

一、围绕着功用的分类

吕叔湘（1943）在其《论"底""地"之辨及"底"字的由来》最早对"的"的功能做出详细刻画，他提出的"区别""描写"等术语，为后来的系列研究奠定了基础。吕叔湘（1943：232-233）对区别性和描写性两个做了区分：

> ……跟"底"的词和跟"地"的词显然属于两类。跟"地"的大率是重言（xx 或 xyy），或双声、叠韵；跟"底"的字大率不具备这种形式。这两类词的作用也显然不同；前者的作用在于描写情态，后者的作用在于区别属性。从前严又陵作《英文汉诂》，有"区别"和"疏状"二名，借来作这两类词的名称倒是恰如其分，可惜《汉诂》是用这两个名称对英语的 adjective 和 adverb，即现在通称形容词和副词的。傅东华在《文法稽古篇》里创"言字""训字"之分①，前者举实质，后者道形貌，和此处用"底"和用"地"的区分倒是恰恰相合。
>
> 概括以上的话，我们可以说：在唐宋时代，区别性（qualitatifying②）加语之后用"底"，描写性（descriptive）加语之后用"地"。（用博氏的名称，言字之后用"底"，训字之后用"地"）。

---

① 《东方杂志》，第三十六卷，第二十、二十一期。又收入《中国文法革新讨论集》，上海，1940。

② 按：吕叔湘先生在其 1943 文中此处用的 qualitifying，但选入其全集（辽宁教育出版社）时用的 qualitative。考虑到选入全集时可能做了加工，我们尊重其原文风貌，使用了 qualitifying。

吕先生的这一区分，无疑奠定了后来"的""地"书写两分的基调，同时也为今天"的"的分类提供了一个视角。

此后，陆丙甫（2003）对"描写性、区别性、指称性"等概念做了澄清。他指出：

> ……"描写性"从内涵去修饰核心成分，告诉听话者"怎么样的"。而"区别性"及"指称性"强调所指的外延，告诉"哪一个/些"。逻辑学中内涵和外延密切相关，双方间存在着反比关系：内涵越丰富外延越小。朱德熙（1956）就敏锐地注意到："一类事物经过描写之后就不再是普遍的概念，而是特殊的概念了。因此描写性定语往往带有潜在的指称作用。"
>
> …………
>
> 关于描写性和区别性之间这种差别的另一个形式证明是：在描写性定语标记和区别性定语标记采用不同语音形式的某些汉语方言中，两者可以并列出现（朱德熙，1980），犹如日语中语义性的格助词之外还可以加上话题等语用标记（陆丙甫，2000），并且重出时，总是描写性标记更靠近定语，在内层；而区别性标记在外层。这不仅显示了描写性和区别性是可以共存的，并且也直接显示出描写性同定语的关系更紧密，是定语更内在的、深一层的意义。
>
> …………
>
> 再看"区别性"跟"指称性"的差别。虽然它们常常被替换使用，但实际上这两个术语并不同。首先，"区别性"是定语的功能，而"指称性"是整个名词短语，包括省略了中心名词的名词短语的功能。其次，"区别"隐含着跟语境中同类事物的对比，而指称并不强调对比，因为有些事物在语境中是独一无二的、唯一的，对它们的指称就跟"区别"无关。事实上，指称性最大的所指，是语境中"不指自明"的、唯一性的事物，人称代词和专有名词就是如此。英语中定冠词the，除非重读，一般没有区别性（因此不能用来回答which"哪个"），而指别词

this、that 就有区别性。例如 the sun 中的 sun，就一般日常思维来说，是唯一的，不是表示泛指的"恒星"；因此这里的 the 也没有区别作用，但有指称标记的作用。"指别性"这个术语，也许可以概括"指称性"和"区别性"，可以用于不需或难以严格区分两者的情况下。例如可以用"指别词"来概括英语中的定指冠词及"这、那"等区别性的指示词。

总结"描写性、区别性、指称性"三个概念的关系，大致上可以说"描写性"派生出"区别性"，而"区别性"又派生出"指称性"。

陆丙甫注意到描写性与指别性之间的关系，在"的"的研究道路上迈出了有力的一步。当然，在谈及"的"的描写性和区别性对立表现时，陆丙甫（2003：24）指出："漂漂亮亮的"等状态形容词"反映说话者的主观感情色彩，难以被听话人作为区别的标准，所以就不能代替名词"。

特别需要指出的是，陆丙甫（1988）提出用外延性和内涵性来代替区别性和描写性；然而他自己并没有坚持下来，陆丙甫（2003）又回到了区别性和描写性上来了。另外，完权（2018）也对区别性和描写性的分野提出了自己的看法。

除了从描写性和区别性上区分以外，还有学者从限制性和非限制性的角度展开。最早开始这样讨论的应该是刘月华（1984）。他指出，"的"的"限制性"是用在确定指称的意义上。此后，张敏（1998）对此做了很好的评述，认为"限制性""没有明确所限制的对象（外延、内涵皆可），因此也有缺陷"——陆丙甫（2008）亦持此观点。

陈玉洁（2009）继续在限定性和非限定性的区分上讨论，她对"限制性"和"非限制性"做出如下定义："限制性修饰语缩小所指的范围……而非限制性修饰语用更多特征来丰富对所指的描写，并不缩小所指的范围。"然而，正如石定栩（2010）所指出，"定语一定会改变中心语所表示事物的范围，也因此一定是限制性的"。如此看来，限定性和非限定性的区分仍面临种种问题。

此外，张敏（1998：243）别出心裁，提出"的"具有述谓性。完权

（2016，2018）则论证了"的"的入场（grounding）作用和凸显作用。

二、围绕着语义的分类

最早从语义上对"的"进行分类的研究，当为朱德熙（1983）。他指出"的"为名词化标记，并将名词化从语义上分为两种：第一种单纯是词类的转化，语义保持不变；第二种除了词类的转化以外，词义上也发生明显的变化。由于前一种名词化造成的名词性成分与原来的谓词性成分所指相同，朱先生将其命名为"自指"；名词化造成的名词性成分与原来的谓词性成分所指不同，朱先生将其称为"转指"。在这一基础上，朱先生进一步指出："现代汉语句法平面上名词化的主要手段是在谓词性成分后头加'的'。这样造成的名词性结构跟英语用 that 组成的名词从句一样，可以表示专指意义，也可以表示自指意义。"朱德熙先生这里的谓词性成分不仅仅包括谓词，还包括各类谓词性结构，他用 VP 来表示。于是，"VP 的"便由原来的陈述转化为表指称。也就是说，"VP 的"可表自指，亦可表他指。自指的"VP 的"不能指代中心语，因此不能离开中心语而独立；转指的"VP 的"可指代中心语，因此能离开中心语而独立。前者如例（3）所示，后者如例（4）所示（皆直接引自朱德熙，1983）：

（3）a. 开车的技术

　　b. 火车到站的时间

　　c. 他用箱子装书的原因

　　d. 扩大招生名额的问题

　　e. 他给我写信的事儿

（4）a. 开车的（人）

　　b. 老王开的（那辆车）

　　c. 装书的（箱子）

　　d. 扩大招生名额的（学校）

　　e. 他给我写的（信）

朱德熙（1983）指出：

"的"可以加在单独的谓词后头，也可以加在由谓词组成的各类谓词性结构（包括主谓结构）后头。如果我们把这些统称为谓词性成分，并且用 VP 来表示，那么当我们在 VP 后头加上"的"的时候，原来表示陈述（assertion）的 VP 就转化为表示指称的"VP 的"了。
…………

表示转指的"的"有两方面的功能，一是语法功能的转化，就是名词化，二是语义功能的转化。如果我们只看到"的"有名词化的功能，看不到它还有语义转化的功能，那就不容易说明为什么"的"除了在谓语性成分后头出现以外，还能在名词性成分后头出现，例如：木头的 | 外国的 | 我哥哥的。"木头 | 外国 | 我哥哥"本来就是名词性成分，加上"的"以后，从一个名词性成分变为另一个名词性成分，语法功能没有变，可是语义功能变了。

此外，朱德熙（1982：145）曾依据（3）这类的例子指出："这类偏正结构的中心语总是表示抽象概念的名词。"这一观察，虽多遭质疑，但不可否认，有其独到之处。

就对"的"从语义上分成"自指"和"转指"思想，文献中曾有大量讨论。此不赘述。

第三节 "的"的历史来源问题

要真正探究"的"的本质，不可避免，我们要考察其历史来源。"的"的历史来源问题，有助于我们对"的"做出更好的定性。

有趣的是，在已有文献中，对于"底"的由来，存在至少五种不同的回答：①"者"源头说（吕叔湘，1943；冯春田，1990；曹广顺，1986）；②"之"源头说（王力，1958；李方桂，1974；梅祖麟，1988）；③部分"之"源、部分"者"源说（章炳麟，1915；刘敏芝，2008）；④方位词源头说（江蓝生，1999）；⑤指代词源头说（石毓智、李讷，1998，2001）。

一、"者"源头说

我们先看第一种回答，即认为"的"历史上来源于"者"。这一说法的坚持者吕叔湘（1943）、冯春田（1990）各举大量证据加以说明。如吕叔湘（1943）说：①

> "的"字一般都认为就是文言的"之"字和"者"字。例如章太炎在《新方言》里说："今凡言'之'者，音变如丁兹切，俗或作'的'。"又说："今人言'底'言'的'，凡有三义：在语中者，'的'即'之'字；在语末者，若有所措，如云'冷的、热的'，'的'即'者'字。""底"是否"之""者"的音变，牵涉古代的话音，难于论证。要是就"之"和"者"来比较，"之"和"底"韵母较近，"者"和"底"声调相同，可能性的大小也差不多。我们现在只从用法方面来考察。
>
> 文言里"之"和"者"的作用大不相同，可都比后来"底"字的范围窄。用前面所分"的"字用法的项目来说，"之"字只管（a）（b）（c）三类，"者"字只管（b'）（c'）两类。现在的问题是：假使"之"和"者"变为"底"，是（1）语音各自在变，殊途而同归呢，还是（2）"底"字只是其中之一的变化结果，另一个在或早或迟的时期被排除了？第一个假设无从积极证明；要是第二个假设不能成立，我们就得承认它。
>
> 就第二个假设说，又有两种可能。或是甲已变成"底"，乙仍是乙，其后为"底"所代。这个我们知道不合事实，因为"底"字一出来就兼

---

① 李书中所引文献引文，有标点与今出入者，依据今之标准修改。特此说明。

有"之"和"者"的用法。另一个可能是在"底"字未出现时，"之"已侵入"者"的范围，或者"者"已侵入"之"的范围。这两种情形唐钺先生在《白话字音考原》里都举了例。但是该用"者"而用"之"的只有一个例⋯⋯

⋯⋯⋯⋯

根据这些理由，我们不妨说："者"字很早就有兼并"之"字的趋势，到了某一时期，笔下虽有"之"和"者"两个字，口语里已经只有"者"一个词，它的应用范围不但包括本来的"者"和"之"并且扩充到（a′）项即名词代词领格之不继以名词者。这个词后来写作"底"。"者"和"之"本可算是亲属字，原始的作用都是指示，而"者"字专用于称代，"之"又转为连系。当初因为在句中地位不同而分，现在又合而为一。

冯春田（1990）则认为，"者"字结构与"底（的）"字结构有对应关系，"底（的）"字结构来源于"者"字结构。由"者"到"底（的）"不是"者"字语音变化的结果，而是"底（的）"替代了"者"，这是一种词汇替代现象。

二、"之"源头说

再来看"的"的第二种可能来源——助词"之"。这一观点的坚持者以王力（1958）、李方桂（1974）、梅祖麟（1988）为代表。

王力（1958：320-321）认为"底（的）"来源于"之"，而反对"底（的）"来源于"者"的观点，因为后者无法面对"者"在上古属鱼部，中古属麻韵上声，它怎么演变成"底"［ti］音，难以解释。

对于"底（的）"来源于"之"的观点，李方桂（1974）给出更直接的解释：

研究汉语音韵学，不仅是研究它的语音情形，我想与语法这门学问也有相当的关系……例如我们普通常用的语助词"的"是怎么样来的？从前是什么音，后来又是什么音？还有我们常用的人称代名词"你"是怎么来的？我们知道，"你"的古字是"尔"字，"的"的古字是"之"字……这种字往往是语助字或人称代名词，在许多语言里例如英语或汉语时常读成轻声字。那么，是不是这些轻声字在古代就有，而到现在演变不同，所以使"尔"变成"你"，"之"变成"的"这类情形？如果是这样，我们必需能找到相当一定的规矩来，说明为什么这样演变的。可能这种规矩不仅只是一个时期可用。譬如说可用于上古到中古，也同样可以用在中古到现代这个时期。依我现在想象这类字是从前三等字有个-j-，在轻读时-j-丢掉了，所以在读"尔"字时，没有了-j-就变成"你"；读"之"字时，没有了-j-就变成了"的"……

在王力（1958）、李方桂（1974）的基础上，梅祖麟开展了深入研究。他不仅指出"底"的来源是"之"而不是"者"，还解释了为什么介词"之"字只能用在语中，变成"底"后却既能用在语中（如"饮水吃草底汉"），又能用在语末（如"问底"）。他先是通过音韵说明"之"字文读保存-j-介音仍旧是"之"，白读失落-j-而变成"底"；同时也说明"者"字不能变作"底"。之后，他又通过语法说明产生"底"字语末用法的两条途径。

（1）由于汉代［名＋数＋量］＞［数＋量＋名］这个语序变化，先秦的（S＋VO者）就变成（VO者＋S）（如"定殷者将吏"）。此后又产生了［V者O］［N者N］$_N$这两种结构。在这三种结构中，"之""者"可以互易。"之"变成"底"以后，"底""者"继续在语中的位置互易。受了"者"字语末用法的沾染，"直"字也逐渐能用在语末。

（2）从南北朝末期开始，出现了一种新兴的结构［动词组＋之者］。本文假设［之者＞底者＞底底＞底］，结果使［动词组＋之者］变成［动词组＋底］。

三、部分"之"源、部分"者"源说

"的"的第三种来源观是认为"的"部分来源于"之",部分来源于"者"。坚持这一观点者,最早的研究者当是章炳麟(1915),祝彻敏(1982)、俞光中、植田均(1999)也认为这一观点可取。最近,刘敏芝(2008)再次论证了这一观点。

章炳麟在其《新方言》里说:

> 今凡言"之"者,音变如丁兹切,俗或作"的"……今人言"底"言"的",凡有三义:在语中者,"的"即"之"字;在语末者,若有所指,如云"冷的","热的","的"即"者"字。

刘敏芝(2008)在其《汉语结构助词"的"的历史演变研究》一书中也认为结构助词"的(底)"的来源,与"者"和"之"都有关系:

> 从语义和语法分布来看,先秦的"之""者""所"三分天下的格局到了魏晋南北朝时期发生了很大的转变,"者"侵入了"所"的功能领域,除了转指施事外,还能够转指受事,而转指受事的"VP者"受"所VO"的影响,后面又可以加上中心语O,从而具备了用于语中的用法。但是,"VP者O"中的"者"与用于定语和中心语之间的"之"性质不同"者"是后附性的,"VP者"是同位性定语,而"之"一方面不具备用于"VP底O"结构的功能,另一方面,"之"的性质是插入性的,"VP之"不能单说。因此,用于语中的"者"实际上是先出现在同位性定语中,这与"底"的情况一致。敦煌变文中的"动+底+名"全部是"V底O",《祖堂集》中才开始出现非同位性的定语。也就是说,"者"虽然有了语中用法,但始终没有发展出用于非同位性定语和中心语之间的功能,这种功能是在"底"产生以后实现的。这说明,"底"

和"者""之"均有关系，"底"开始时继承了"者"的主要用法，后来又侵入了"之"用于非同位性定语和中心语之间的领域。

此外，刘敏芝还详细地呈现了"的"的发展成长过程。

唐代敦煌变文中"名词性成分+底"做定语的功能还没有产生，绝大多数是动词性定语，"X底"在句中除了做定语之外，还可以做主语和宾语。五代时期的《祖堂集》中出现了5例名词性定语，动词性成分做定语的则占了全部定语的92%。

宋代"底"字结构的句法功能已经很完备了，在句中可以做定语、主语、动词宾语、介词宾语、兼语、主谓谓语句的大主语、小主语、复句的分句，还有少量的做谓语、呼语，甚至可以独立成句。其中做定语的占62%，并且到南宋已经出现了较为复杂的定语。

元代"的"字结构的句法功能与宋代的大致相间。"X的"做定语仍然是最常见的用法（60%），名词性定语的数量明显增加；"X的"做谓语的用例增多。元代还出现了"状态形容词+的"用在"动+得"之后做补语，表示结果的状态这一新的句法功能。

明代"的"字结构的句法功能与前代也大致相同。此外，"的"字结构可以做状语；"的"字结构做补语表示结果的状态的使用频率大大增加，并且不限于"状态形容词+的"，还可以是某些同样具有描写作用的"并列结构+的"等；"的"字结构做谓语的使用频率也大大增加，除了"状态形容词+的"外，多是"并列结构+的"和"成语/俗话+的"。

清代"的"字结构做谓语的使用频率较高，除了"状态形容词+的""并列结构+的"和"成语/俗话+的"外，"大/怪/够"等程度副词修饰的形容词或类似于形容词的结构也大量充当谓语。

四、方位词源头说

这种观点认为"的"来源于方位词。代表学者是江蓝生（1999）。她发现汉魏六朝白话资料中处所词"所"和"许"可以做领属格助词这一现象，由此出发，她提出处所词或方位词演变为结构助词的这一思路，即受到处所词"所"和"许"的类推影响，在"名词方位词名词"的句式中，"底"占了早期结构助词"之"的位置，之后经过重新分析，最后"底"发展成为结构助词。储泽祥（2002）在岳西话中找到结构助词"底"由方位词"底"发展而来的证据。

五、指代词源头说

还有一种有关"的"来源的观点是认为"的"来源于指代词（冯春田，1990；石毓智、李讷，1998，2001）。如石毓智、李讷（1998）认为：

> 结构助词"底（的）"与"之"或"者"没有同源关系。"底"是在特定的句法环境中，从其原来的指示代词或者疑问代词的用法独立发展出来的。这一论断得到两个方面的支持：一是结构助词和指示代词之间存在着语法共性；二是汉语史上先后出现的几个结构助词原来都是指示代词。
>
> "底"字结构产生的动因是，"数+量+名"结构在汉语的建立而带来的类推力量，要求一般修饰语和中心语之间也有一个语法标记。然而，此时从上古汉语沿用下来的"之"的功能已经萎缩，修饰语和中心语之间多为零标记；"底"的指代词用法与所要求的结构助词之间具有共性，就应运而生，发展成为一个语法标记。

第二章

"的"的性质初探——句法视角

第一节 DP 假说与汉语"的"

上一章谈到，随着国际上生成语法研究的异军突起，国内外的学者又开始在生成语法的框架内对"的"进行探讨性解释。其中最有代表性的有：Ning（1995，1996）、司富珍（2004，2006）将"的"看成是一个独立功能投射的中心语（DeP）；司富珍（2002）提出关系从句的标记"的"视为标句语（C^0 或 complementizer）；Simpson（2001，2002）提出标记名词性修饰成分的"的"为 DP 的中心语。

以上观点的提出，在语法界引起了强烈反响，有人赞成（吴刚，2000；司富珍，2002，2004；陆俭明，2003；熊仲儒，2005，2008；张念武，2006；何元建、王玲玲，2007；庄会彬，2014a；等等），也有人反对（周国光，2005，2006；杨永忠，2008，2010；等等）。

以上分歧，主要因一个问题而起："的"是否可以视作中心语？维护者坚持"的"为中心语的合法性，却又无法给出令人信服的佐证。反对者否认"的"充当中心语的可能性，坚持按 Bloomfield（1933）的向心结构（endo-centric structure）来定中心语，却又无法为"这本书的出版""他的不来"之类的结构找出一个恰当的"心"。同时，这一阶段对"的"的处理，仍是明

18

显表现出学者们对各种"的"的处理该"分"还是该"合"的纠结：有的学者针对三种"的"给出统一解释，如司富珍（2004），也有的学者只针对部分"的"（"的₃"）努力做出解释，如熊仲儒（2005）、庄会彬（2014a）等。

一、"DP 假说"回顾

有关 DP 的研究，Abney（1987）最为经典。请看下面的名词短语结构：

（1）a. His/Bill's book

    b. ［NP his /Bill's ［N' book］ ］

（2）a. Her/Susan's answer to the question

    b. ［NP her /Susan's ［N' answer ［to the question］ ］ ］

（3）a. Its/the book's translation by the translators

    b. ［NP its /the book's ［N' translation ［by the barbarian］ ］ ］

显然，例（1~3）的结构可以抽象如下：

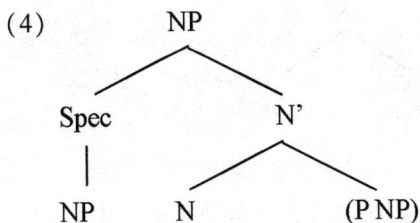

（4）

```
              NP
            /    \
        Spec      N'
          |      /  \
         NP     N   (P NP)
```

可以看出，这一结构表征很不理想，NP 的多次出现使它显得很烦琐，而且把中心语确定为 N 也显得很是牵强。这一点可以从下面的比较中看出：

（5）a. Susan's answer to the question

    b. Susan answered the question.

与例（5b）相比，名词短语例（5a）也有命题内容。它也有词汇范畴、补足语和指定语。它和动词的不同只在于它是名词而非动词，名词短语没有时态范畴，另外，它的补足语由介词引导（但许多不及物动词的补足语也是由介词引导）。也就是说，虽然两者存在一些不同，但是它们表面的相似却表明了两者在基本结构上的一些相似性。

鉴于当今许多语言学家都认为小句的中心语是一个抽象范畴 I/Infl，重新考虑名词短语的结构，Abney（1987）提出，名词短语的中心语不应该是 N，而应该像小句一样，以功能范畴为中心语。假定这一功能范畴为 D（eterminer），名词短语的结构可表示如下：

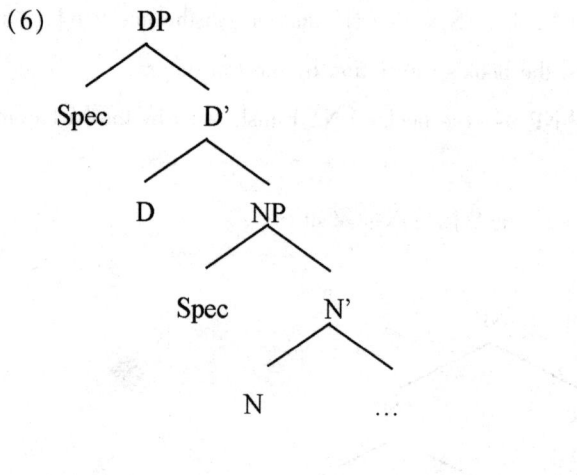

(6)
```
              DP
            /    \
         Spec     D'
                /    \
               D      NP
                    /    \
                 Spec     N'
                        /    \
                       N      ...
```

在这个结构图中，我们看到，D 被认为是名词短语的中心语。而不是指定语。Chomsky（1995：58）指出：

> 既然命题（proposition）可以视作功能范畴的投射，自然而然，传统意义上的名词短语亦不例外。其功能中心语为 D，由限定语（determiner）、属格一致成分（possessive agreement element）以及代词（pronoun）充当……

这一假设被称为 DP 假设（DP Hypothesis）。许多语言的特点都支持这一假设的正确性和实用性。如在有些语言中，中心语 N 带有显性的一致屈折范畴，这和句子中的 V 带有显性的一致屈折平行。在这些语言中，中心语 N 的一致屈折同指定语的特征相对应。英语的一致屈折相对不多，却也能看到一些，如：

    （7） a. This/that translator

          b. These/those translators

它们的结构应该如下所示，其中指示代词 Dem（onstrative）处在 Spec，DP 下。鉴于 Dem 的内部结构与所要讨论的话题关系不大，我们不再赘述，有兴趣的读者可参阅相关文献。

二、DP 与 DeP 之争

总的来说，把"的"看作是中心语的观点可分两种：一种是把所有的"的"都视为一个功能范畴，有着独立的最大投射 DeP（姑且称之为"DeP 假说"）；另一种则是基于 DP 假说，把一部分"的"看作 DP 的中心语。

"DeP 假说"的倡导者 Ning（1995，1996）、吴刚（2000）、司富珍（2004）、张念武（2006）等主张把各种"的"都处理为一个功能范畴，并赋予它独立的最大投射 DeP。我们认为这种观点并不可取。

应当承认，这一方案抓住了部分"的"字短语的特点，能够对某些"的"字短语现象做出较好的解释。然而，如果不加分别，把各种"的"都视作中心语，无数麻烦就会接踵而来，原因有二。

一是"的"的词性难辨，且不同一。如司富珍（2002）提出"这本书的出版"中"的"有［+N］性的观点，就遭到学者们的怀疑（周国光，2005；杨永忠，2008）。更何况，"的"并非只有一个，目前知道的，至少有四个——除了朱德熙（1961）区分的三个，还有人提出了"的$_4$""的$_5$"……（朱德熙，1993；司富珍，2002：附注①）。而这几个"的"的词性迥异，功能也各不相同，如在句法操作时做统一处理，运算处理则需一一分辨，这无疑带来了额外的操作难度。

二是，"DeP 假说"误把所有的"的"都认作中心语。请看下面两例：

(8) a. 非常的痛快

b. 瘦瘦的女孩

不论是在生成语法发展之初，还是在最简方案推出之后，按照标准的理论，例（8a）的中心语都应该是"痛快"，例（8b）中的"瘦瘦"作为一个形容词修饰语，处在一个附接语（adjunct）的位置，这是毫无疑问的。可"DeP 假说"的处理却是大反常规：按照司富珍（2004）的做法，例（8a）的中心语就变成了"的"，"痛快"因此变成了"的"的补语，而例（8b）中的"瘦瘦"就成了标志语（Spec，DeP）。更何况，一个短语中难保不出现多个"的"，特别是在复杂名词短语中，比如"张阿姨（的）在英国留学的那个高高（的）瘦瘦的女儿"。这时，如果用"DeP 假说"处理，可能就要平白多出来几个中心语。而且，有些方言里还有"的的"连用现象，如淄博方言（张丽霞、步连增，2008），其中心语岂不是更多？此外，"的"还常常插入两个名词性成分之间，造成一些伪领属现象，如"他的老师当得好""泼他的冷水"。如果用"DeP 假说"来处理，难道也把这个"的"看作是中心语？

总而言之，"DeP 假说"对汉语复杂名词短语的处理异于常规，表面上看似做到了统一，实则把"的"字的短语的处理复杂化了。因此，并不适用于"的"字短语结构的研究。

相比而言，有些学者利用 DP 假说来处理一部分汉语"的"字短语结构的做法，要比"DeP 假说"经得住推敲。

最早把 Abney（1987）的"DP 假说"引入汉语研究的当是程工（1999：188-189）。但他一开始并没有把"的"处理为 DP 的中心语。其处理如下：

(9)

```
              DP
           ／    ＼
         NP        D'
        ／ ＼     ／  ＼
       △        D      AP
                │       △
     (他的)    这种      快
```

(10)

```
              DP
           ／    ＼
         NP        D'
        ／ ＼     ／  ＼
       △        D      VP
                │       △
     (他的)     Ø       来
```

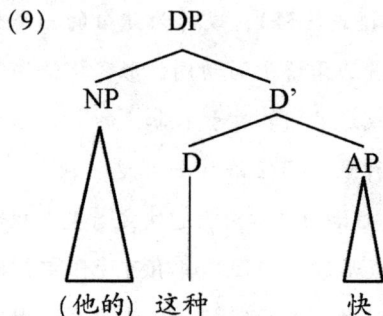

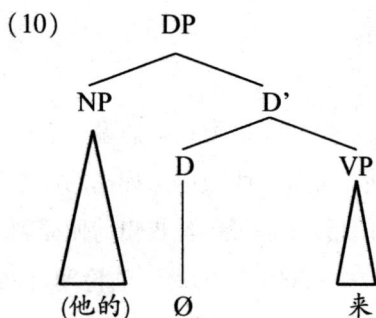

在这一基础上，司富珍（2002）进一步指出，"他的来"这一类结构的中心词是"的"而不是"他的"，不过当时她认为这个"的"所占据的是CP的中心语：

> 此类结构之所以是名词性的，其关键的原因是其中的中心词——标句词"的"具有〔＋N〕的语法性质。一方面这是符合投射理论的；另一方面，如前所示，也可以从古汉语语法和五四时期的语法得到印证。这样看来，与主宾语位置上的动词、形容词相关的短语有两类，一类是带"的"的；一类是不带"的"的，对此应区别对待。对于带"的"的一类结构，我们把它视为一种CP，其中标句词"的"是中心语（head），它决定着以它为投射的整个短语的语法性质（〔＋N〕），这类短语的一个显著特点是"的"前后的成分构成主谓关系，这个标句

词"的"相当于古汉语里用于主谓之间的"之"，它取消句子的独立性，使其作为句子的一个成分（主语或宾语），或作为复句的一个分句。而该类短语中的动词或形容词与普通谓语中的动词、形容词语法特性等基本相同，不应将之视为动名词或形名词。对于不带"的"的一类，则可以运用DP假说，将之视为一种限定词短语（如"这种快"），其中的限定词（即所谓"冠词"）是短语的中心语，它决定着整个短语的语法性质 [＋N]，而其中的动词或形容词则因其具有可受限定词修饰等特点，同时又在一定程度上保留了动词或形容词的语法性质，因而可以考虑将之视作动名词或形名词看待。

DP假说是继IP和CP之后的又一个功能语类投射假说，它成功地统一了此前对各种名物性成分的不同分析，加强了生成语法理论的内部系统一致性，有着较强的解释力和广泛的适用性。该假说一经提出，便受到了生成语法界的热烈欢迎。21世纪初，Simpson（2001，2002）、陆俭明（2003）、熊仲儒（2005，2008）、何元建、王玲玲（2007）等率先把DP假说引入汉语研究，提出（部分）"的"应视作"的"字短语的中心语。诚然，这一处理方案有着诸多优点，可以解释很多汉语中的特殊现象。然而，它却迟迟没有回答两个问题：第一，具体是哪部分"的"可以用DP假说处理？第二，为什么这部分"的"可以看作是DP中心语？下面我们将尝试对这两个问题做出回答。

三、可充当DP中心语的"的₃"

为解决第一个问题，我们有必要先回顾一下以往对"的"的分类。

在上一章我们已经谈及，对"的"的分类研究，学界影响最大的当推朱德熙先生。① 朱德熙（1961）首先区分了三类"的"，如下：

1. 副词性语法单位的后附成分，记作"的₁"，例如：忽然的、简直的、渐渐的；

2. 形容词性语法单位的后附成分，记作"的₂"，例如：瘦瘦的、甜甜的、胖胖的；

3. 名词性语法单位的后附成分，记作"的₃"，例如：白的、吃的、昨天的。

之后，又指出汉语中存在语气"的"（朱德熙，1978），暂记作"的ₑ"，如：

（11）我昨天来的

此外，司富珍（2002）还提出了标句语"的"，我们将其记作"的c"，② 如：

（12）我喜欢的女孩

很显然，"的ₑ"主要用于焦点结构〔通常以"（是）……的"形式出现〕；而"的c"在句法结构上所占据的位置是 CP 的中心语③，如例（12）可做如下结构分析：

———————————

① 除了朱先生的三分法，在学界较有影响的还有黄国营先生（1982）所倡导的两分法：一个"的"不改变其前置成分的语法性质，另一个"的"改变其前置成分的性质，亦即描述性的"的"和区别性的"的"（陆丙甫，2003）。前者相当于朱德熙先生（1961）的"的₁""的₂"，后者相当于朱先生的"的₃"。

② 另外，可能还存在第六种"的"，即纯粹为满足韵律运作而插入的"的"（从而派生出部分伪定语等结构）（见庄会彬、刘振前，2012）。

③ 汉语的 CP 是一个 C 在右的结构，即〔cp IP C〕（石定栩、胡建华，2006：103）。需要指出的是，同一语言的范畴可能选择不同的中心语参数值，像汉语、德语这些混合语言的 C 和 I 都向不同的方向选择其补语（有关德语的讨论可参见 Radford, et al., 2009：321-324）。

25

（13）

```
                              DP
                   ┌──────────┴──────────┐
                 Spec                    D'
                              ┌──────────┴──────────┐
                              D                    NP
                                                    │
                                                    N'
                                          ┌─────────┴─────────┐
                                         CP                  N'
                               ┌──────────┴──────────┐        │
                             Spec                    C'        N
                                          ┌──────────┴──────┐  女孩
                                         IP                 C
                               ┌─────────┴─────────┐        的
                             Spec                  I'
                              我          ┌─────────┴─────────┐
                                          I                 VP
                                               ┌────────────┴────────┐
                                             Spec                    V'
                                              t我                      │
                                                                      V
                                                                     喜欢
```

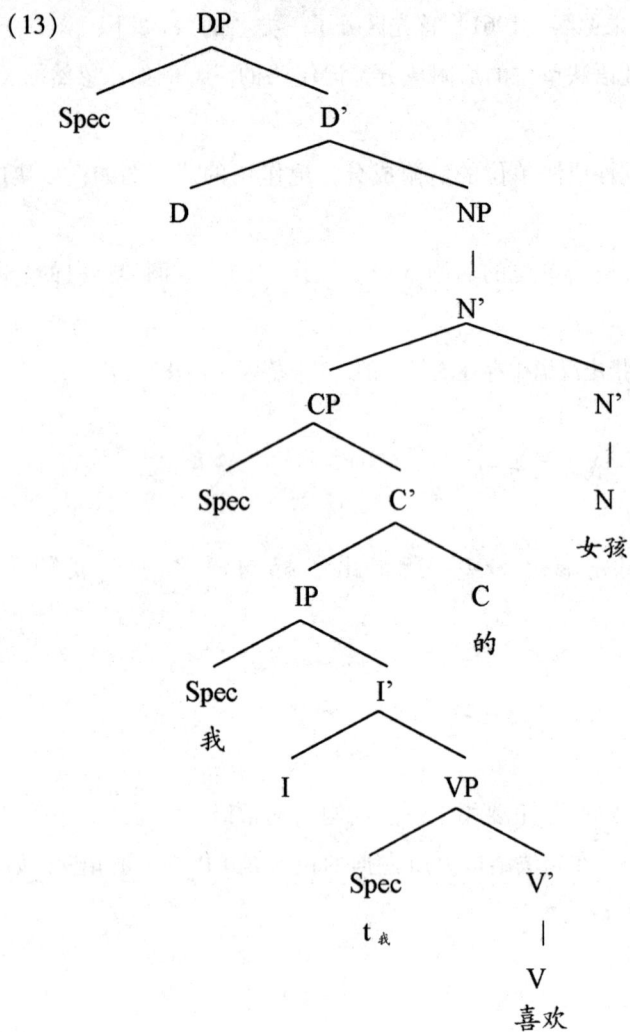

由此可见，能够充当 DP 中心语的"的"不会是"的$_E$"和"的$_C$"，而只能是"的$_1$""的$_2$""的$_3$"中的一个。从理论上来讲，这一点也不难理解，毕竟"的$_1$"或"的$_2$"所在的短语，在句法上通常都是附接语成分，请看：

（14）a. 悄悄的（地）说话

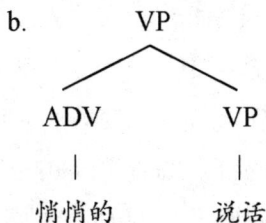

b.
```
          VP
         /  \
       ADV   VP
        |     |
      悄悄的  说话
```

（15）a. 红红的花

b.
```
            DP
           /  \
         NP    D'
               / \
              D   NP
                  / \
                AP   NP
                 |    |
               红红的  花
```

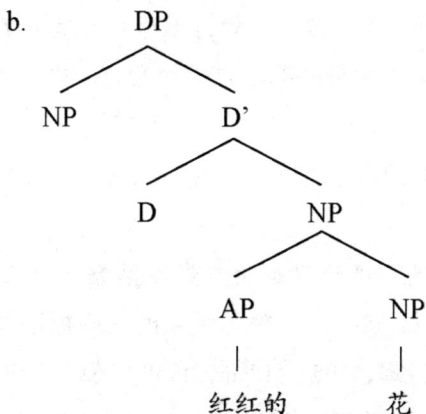

这样一来，充当 DP 中心语的"的"只能是"的₃"。这就涉及第二个问题：为什么"的₃"可以充当 DP 的中心语？对于这一问题，以往的研究要么避而不谈，要么认为"的"与英语的"'s"具有相似性，但其论证却不能令人信服。下面，我们不妨先看一下 Chomsky 把"'s"处理为 DP 中心语的理据所在，之后再来讨论"的"是否可以充当 DP 的中心语。

Chomsky（1995：263）把"'s"处理为 D 成分，原因在于它是一个属格一致成分（possessive agreement element）。Chomsky（1995：58）指出：

> 既然命题（proposition）可以视作功能范畴的投射，自然而然，传统意义上的名词短语亦不例外。其功能中心语为 D，由限定语（deter-miner）、属格一致成分（possessive agreement element）以及代词（pro-

noun）充当……①

无疑，英语的"'s"应该属于属格一致成分。②

　　然而，汉语的"的"却不是一个属格标记——汉语是一种屈折贫乏的语言，不太可能存在属格一致成分——事实上，Tang（1990：421-431）、汤志真（1993：734-735）已经通过语言实例说明了汉语的"的"不同于英语的"'s"，不能视作一个属格标记。因此，通过对比英语"'s"与汉语"的"来证明汉语"的"为 DP 中心语的做法实际行不通。可是，汉语中有一部分"的"完全可以视作 D 成分（Simpson，2001，2002；陆俭明，2003；熊仲儒，2005，2008；何元建、王玲玲，2007），这是不可否认的语言事实。排除了"的"为属格一致成分的可能性之后，我们只能推测充当 DP 中心语的"的"为限定语或者代词。

　　然而，以往有关"的"的定性研究，卷帙浩繁，众"说"纷纭，如"介词说"（黎锦熙，1924：20）、"修饰关系的明确标记说"（marker of explicit modification）（陈琼瓒，1955；Chao，1968：285）、"连词说"（张静，1980：111）、"助词说"（朱德熙，1982：40）、"连接标记说"（associative marker）（Li & Thompson，1981：111；杨永忠，2008）、"格标记说"（Case-marker）（Tsai，1994），上面提到的"中心语说"，以及最近提出的"量词说"（Cheng & Sybesma，2009），却无一把"的"视为限定语或者代词。那么，"的₃"究竟为什么可以充当 DP 的中心语呢？

　　以往对于"的"的来源研究给我们提供了一些启示。根据朱德熙先生（1966）的研究，"的₁"和"的₂"应来源于唐宋时期的描写性的"地"，而"的₃"来源于唐宋时期的区别性的"底"。而以往研究表明，可充当 DP 中心语的"的"皆属于"的₃"，因此，考察"底"的由来便成为本研究所关

---

① 原文如下：A natural extension is that just as propositions are projections of functional categories, so are the traditional noun phrases. The functional head in this case is D, a position filled by a determiner, a possessive agreement element, or a pronoun...

② 's 历史上来自领属性词尾（possessive ending）-（e）s（Mugglestone，2006：192）。

注的重点。有趣的是，正如前面我们在第一章已经指出，对于"底"的由来，学界至少存在四种不同的回答：

1. 来源于助词"之"（王力，1958；李方桂，1974；梅祖麟，1988）；
2. 来源于"者"（吕叔湘，1943；冯春田，1990；曹广顺，1986）；
3. 部分来源于"之"，部分来源于"者"（章炳麟，1915；刘敏芝，2008）；
4. 方位词源头说（江蓝生，1999）；
5. 来源于指代词用法（石毓智、李讷，1998，2001）。

本研究支持"底"来源于指代词的观点，理由如下：

第一，根据石毓智、李讷（1998，2001）的研究，从三世纪到九世纪，"底"是一个指代词，相当于现代汉语的"这"，只用作名词的定语，即"底"和中心名词一起出现。①

第二，"底"在早期的一个重要功能是充当标句语——引入动词性修饰语（祝敏彻，1982），如：

(16) 惟愿世尊愍四众，解说昨夜见底光。（《敦煌变文新书》卷四）

而跨语言的研究表明，很多语言的标句语都是由指代词发展而来的（石毓智、李讷，2001：前言）。

第三，退一步讲，即便是认为"底"历史上来自"者"（吕叔湘，1943；冯春田，1990）或者"之"（王力，1958；李方桂，1974；梅祖麟，1988），

---

① 吕叔湘（1985）也曾指出，"底"在唐宋时期用作指示代词。另外，当今一些方言中还保留着"的"（ti^{55}）的指代用法，如广州话（引自周小兵，1997）：

    (2) a. 唔该，的茶好香呙。（谢谢，这茶好香啊!）

        b. 的景色好靓。（这景色很美。）

仍无异于是承认了一个事实——"底"最早来源于指代词。有证据表明，"者"和"之"在上古时都是普通的指代词。吕叔湘（1985：185）指出，"者"在古代本有指示作用（大概是"这"的本字），但只用于特殊场合（或者方言之中）。"之"最早同样是一个指代词，请看以下例句（引自王力，1989）：

(17) a. 之子于归，远送于野。（《诗经·邶风》）

b. 之二虫又何知？（《庄子·逍遥游》）

c. 之人之言不可以当，必不审。（《墨子·经说下》）

如此看来，"的₃"的发展脉络可表示如下：

(18) 指代词（"之"或"者"或"底"）→名词性单位的后附成分"底"→"的₃"

既然"的₃"的最初来源是指代词，它就具备了充当 DP 中心语的基本条件，而曾美燕（2004）的研究则表明，"的"与指代词"这/那"之间具有语法共性，这更为"的"充当 DP 中心语的假设提供了支持。

假如以上论述正确，DP 假说便可以顺利推广到汉语（一部分）"的"字短语结构，如例（19）：

(19) a. 张阿姨的女儿

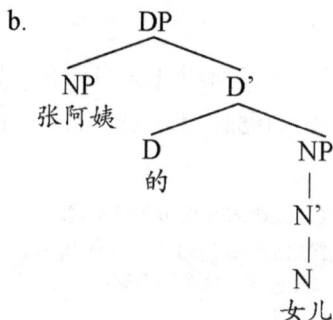

b.
```
            DP
           /  \
         NP    D'
       张阿姨   / \
             D    NP
             的    |
                   N'
                   |
                   N
                  女儿
```

与英语的领属标记"'s"有着极大不同，（19）中的"的"不是来自历史上的属格一致成分，而是一个语法化了的指代词。

DP假说应用于汉语，有着许多优点，其中最为明显的一点就是可以较为恰当地解释"这本书的出版"这类语言现象。

第二节 "这本书的出版"问题

"这本书的出版"问题，曾困扰了汉语语法学界几十年。以往对于这一现象争执的焦点有三：一是其中心语是什么；二是"出版"一词的词性问题；三是这个结构所关涉的向心结构理论问题。本节将围绕这三个问题，展开讨论。

一、中心语之辩

事实上，上述三个问题中最为关键的部分就是"中心语是什么"。因为，一旦中心语确定，整个"这本书的出版"便可定性，再去讨论另外两个问题就要来得容易。然而，早期运用结构主义的思想审视"这本书的出版"，却是把其中心语认定为"出版"，困惑由此而产生（项梦冰，1991：75）：该结构的中心语是谓词性成分，但整体功能是名词性的——它不能受副词的修饰，更不能加时态助词；而且，其定语和中心语之间有定中偏正结构标记"的"。

好在随着生成语法理论的发展，人们对"中心语"有了新的认识。在结构主义语法体系中，核心只能由能够充当句法成分的实词充当，本质上属于语义中心语；而在生成语法体系中，中心语可以是实词，可以是虚词，甚至可以是时、体、态等功能性成分，本质上属于句法功能中心语。这一新的理念为之后对以"这本书的出版"为代表的"N的V"结构的中心语认定开辟了一片新天地：学者们不再寻求V作为中心，转而开始探求"的"为其核心的合法性，即前面所谈及的 CP 中心语、DeP 中心语、DP 中心语等。在这三者之间虽然存在技术细节以及理论构想的差异，但其共同之处就是都认为"的"为以"这本书的出版"为代表的"N 的 V"结构的中心语。

陆俭明（2003）曾就将"的"处理为中心语的思考做出了较好的展示。他分三步进行。首先，他将以往的研究归结为三种：

> 一种意见认为，这类结构里的"出版""到来""走"和"伟大""酸"仍是谓词，布氏的理论需修改。（朱德熙，1961a①、1984）
> 一种意见认为，布氏的理论无需修改，这类结构里的"出版""到来""走"和"伟大""酸"已经名词化了（即所谓动词、形容词名词化）。（施关淦，1981、1988；胡裕树、范晓，1994）
> 一种意见认为，这类结构里的"出版""到来""走"和"伟大""酸"仍是谓词，布氏的理论也无需修改；而所以会出现这种似乎矛盾的现象，是由于存在着"汉语词类和句法成分的错综对应关系以及名词谓词和主语谓语同指称、陈述的错综对应关系"的缘故。（项梦冰，1991）

他进而指出，三种意见都缺乏解释力和说服力。其理由如下：

> 第一种意见，不好解释这样一些问题：为什么中心语是谓词性的，而整个偏正结构会呈现体词性？整个结构的体词性是由什么决定的？如果我们把整个结构的体词性说成是由偏正格式造成的，那么将会陷入循环论证之中。再说，说布氏的理论要修改，这要有足够的语言事实为根据，光凭汉语"这本书的出版""春天的到来""她的走"和"长城的伟大""柠檬的酸"这样一类结构的情况还不足以动摇布氏理论，如果

---

① 按：经笔者核对，此处引用应为朱德熙、卢甲文、马真（1961）。相应文献为朱德熙，卢甲文，马真. 关于动词形容词名物化的问题［J］. 北京大学学报（人文科学版），1961（4）：51-64.

硬要根据上述结构的情况对布氏理论进行修改，可能会引发更多的问题，将会付出很大的代价。

第二种意见，说这种偏正结构里的谓词名词化了，其理由是，那谓词不能再带"体貌成分"、不能再带补语、宾语，因此谓词性减弱了。这种看法是站不住的。作为某一类词里的某个具体的词，它当然会具有它所属词类的各种语法功能，但当它进入某个具体的语法位置后，我们没有理由再要求它具有它所属词类的所有语法功能。譬如一个及物动词（如"吃"），它一旦带上补语后（如"吃快了""吃得很饱""吃不完"等），就不可能再带上宾语，再带上"了、着、过"一类体貌成分，不可能再重叠，它本身不可能再直接受"不"的修饰，等等。我们能据此认为那带补语的及物动词（如"吃"）改变词性了吗？事实上，在现代汉语中，即使像"春天的到来"这种结构里的"到来"的情况也不少见。例如，"所看的""所做的"里的"看""做"同样不能再带"体貌成分"，不能再带补语、宾语，不能再重叠，可是没有人认为其中的"看""做"的谓词性减弱了，更没有人认为其中的"看""做"名词化了。

第三种意见难以自圆其说。我们知道，所谓"汉语词类和句法成分的错综对应关系以及名词谓词和主语谓语同指称、陈述的错综对应关系"，是说在汉语里，不像印欧语那样，名词只能作主宾语，动词只能作谓语，形容词只能作定语或补足语；而是名词、动词、形容词在作主宾语、作谓语、受定语修饰等方面从句法层面看是基本一样的。如果承认"汉语词类和句法成分的错综对应关系以及名词谓词和主语谓语同指称、陈述的错综对应关系"，就得承认"这本书的出版""春天的到来""她的走"和"长城的伟大""柠檬的酸"这样一类结构里的"出版""到来""走"和"伟大""酸"仍是谓词性的，而这又势必跟布龙菲尔德所提出的向心结构的理论相悖。

然后，陆先生抛出了自己的看法，即接受"的"为中心语的观点——"这类结构的'心'是作为名词性功能标记的结构助词'的'（司富珍，

2002）"（陆俭明，2003：389）。

事实上，把"的"处理为中心语的观点的确可以对"这本书的出版"有着更好的解释。司富珍（2002）根据 CP 假说，将"这本书的出版"分析为句子 CP，其中"的"为标句词 C 的语音形式。这两种分析都维持了"出版"的词类不变与向心结构理论。石定栩（2008，2011）从附加语说出发，将"这本书的出版"中的"这本书的"分析为 DeP，DeP 是广义"的"字结构"这本书的出版"的附加成分。"的"是 DeP 的核心，"的"与"的"后成分"出版"没有直接的结构关系。另外，在 DP 假说视角下，把"的"处理为 DP 的中心语，"的"的问题亦可迎刃而解，因为不管"出版"的词性如何，它都不会影响整个短语的性质——短语的词性由其中心语的词性决定。这里的"的"为名词性（朱德熙，1961），自然"这本书的出版"应该视作一个名词短语①。鉴于目前对于"出版"的争议较多，我们暂时以 XP 表示，其结构如下：

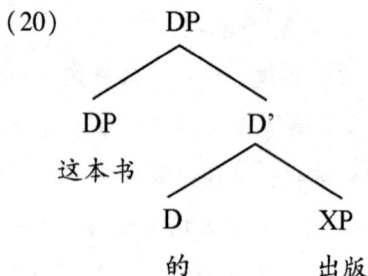

（20）

```
            DP
          /    \
        DP      D'
       这本书   /  \
              D    XP
              的   出版
```

例（20）中，DP 的中心语为"的"，中心语决定该短语的词性，因此，无论 XP 是 NP 还是 VP ②，都不会影响整个 DP 的词性。

---

① 根据朱德熙（1983），"的"是一个名词化标记，其语法功能是使谓词性成分名词化，即加在谓词性成分 VP 之后，造成一个名词性的形式"VP 的"。

② "出版"一词很难说是 NP 还是 VP。说它是 NP 的观点一直都受到传统语法的挑战；而说它是 VP 的观点同样难以立稳，正如任鹰（2008：327）所言："迄今一些证明'出版'并未'名物化'，仍为谓词性成分的思路和做法有不尽合理之处，因而是缺乏说服力的。"当然，不管它是 NP 还是 VP，其结构并不会影响本章的讨论。

这种对"这本书的出版"的处理,算是对"出版"的词性做了暂时回避。然而,学界却是无法做到对这个问题完全无视。今天看来,对这个"出版"词性的探讨,不仅有着半个多世纪的传统,而且近年来还有愈演愈烈的趋势。

二、"出版"的词性

1981年,施关淦以《"这本书的出版"中"出版"的词性》一文发起了"出版"词性的大讨论。围绕以上三个问题,学界曾存在几种见解:"动词"(方光焘,1990;朱德熙,1984;胡裕树,1981;项梦冰,1991)、"名词"(周韧,2012)、"动词名物化(即动名词)"(施关淦,1981;胡裕树、范晓,1994;石定栩,2004;任鹰,2008)、"动词活用为名词"(张静,1983;兰佳睿,2004)……可以说,每一方都有着自己的理由,一时难决高下。其间,许多学者都有参与,如朱德熙(1984),陆丙甫(1985),金立鑫(1987),项梦冰(1991),詹卫东(1998),程工(1999),王冬梅(2002),司富珍(2002,2004,2006),陆俭明(2003),石定栩(2004),熊仲儒(2005,2010),周韧(2012),吴早生、郭艺丁(2018)等。总体说来,学者们大致同意能进入"这本书的出版"(或者说"N的V")格式的动词具有动作性弱、事件性强的特征。其中,尤以王冬梅(2002)的研究最为全面深入。

王冬梅(2002)使用了八项测试来判定及物性高低,借以表明,当N是施事时,"N的V"结构排斥及物性较强的动词,即该结构中的V的及物性较弱。详释如下:

1. 参与者的数目。王冬梅指出,参与者的数目直接影响及物性的高低。如果一个句子或结构只有一个参与者,那么它的及物性较低,如果参与者的数目是两个或两个以上,则及物性较高。如:

(21)逃跑 打跑

a.＊张三逃跑了李四 →张三的逃跑

　　　　b. 张三打跑了李四 →＊张三的打跑

　　（22）到来 来到

　　　　a. ＊火车终于到来了北京 →火车的到来

　　　　b. 火车终于来到了北京 →＊火车的来到

　　（23）晋升 提升

　　　　a. ＊我晋升你一级工资 →我的晋升

　　　　b. 我提升你一级工资 →＊我的提升

　　2. 动作性。在前人研究的基础上（李临定，1990；张伯江，2000；陈宁萍，1987；刘丹青，1994；刘宁生，1985），王冬梅发现，单音节动词比双音节动词的动作性强，进而考察了单音节动词和双音节动词进入"N 的 V"结构的能力差异。如下：

　　（24）我们的寻找／＊我们的找

　　（25）她的打击／＊她的打

　　（26）他的嫌弃／＊他的嫌

　　（27）他的信任／他的相信／＊他的信

　　（28）他的盼望／＊他的盼

　　3. 体貌。王冬梅发现，专职的体标记助词（如"着、了、过"）或时间副词（如"即将、已经"等）一般不能出现在"N 的 V"中 V 的前面，如：

　　（29）他笑了／过／着／起来→＊他的笑了／过／着／起来

　　（30）这本书正在／曾经／开始出版→＊这本书的正在／曾经／开始出版

　　4. 施力程度。王冬梅指出，动作动词是动作性较强的动词，能对受事产

生较大的影响,施力程度较高,进入"N 的 V"时受到很大的限制。如:

(31) 强迫 要求

　　a. 他用暴力手段强迫我去那儿 →＊他的强迫

　　b. ＊他用暴力手段要求我去 →他的要求

(32) 撂倒 绊倒 摔倒 滑倒

　　a. 她撂倒了一个人 →一个人被撂倒了 →＊他的撂倒

　　b. 他绊倒了一个人 →一个人被绊倒了 →＊他的绊倒

　　c. 他摔倒了一个人 →? 一个人被摔倒了 →＊他的摔倒

　　d. ＊他滑倒了一个人 →＊一个人被滑倒了 →他的滑倒

5. 瞬时性。王冬梅发现,瞬时性是高及物性的重要表现,和非瞬时性的动词相比,瞬时性动词较难出现在"N 的 V"结构中。瞬时性动词最大的特点是动作的起点和终点几乎重合,没有一个持续的过程。表现在形式上就是这类词不能和表示持续的"着、正、正在"组合,可以和表示瞬间变化的"突然、一下子"等词组合。如:

(33) 几年不见,她突然变成［＊着］大姑娘了 →＊她的变成

(34) 她突然爬上［＊着］楼梯 →＊她的爬上

(35) 他们突然推倒［＊着］了那堵墙 →＊他们的推倒

6. 意愿性。王冬梅认为,意愿性的强弱也是决定动词及物性高低的重要条件,强意愿性动词及物性较高,弱意愿性动词及物性低。意愿性的强弱对动词能否进入"N 的 V"结构有较大的影响。如动词"拆散、分散、离散"这三个词在意愿性方面存在着一个意愿性减弱的等级:

拆散＞分散＞离散

而这种意愿性的不同又与它们进入"N 的 V"句式的差别相联系。如：

（36）他拆散了这两个人→他有意/经过深思熟虑拆散了这两个人
→*他的拆散

（37）他分散了我的注意力 →*他经过深思熟虑分散了我的注意力
→他有意分散了我的注意力 →*他的分散

（38）他们在兵荒马乱中离散了→*他们有意/经过深思熟虑离散了
→他们的离散

7. 受事的个体化程度。王冬梅指出，受事的个体化程度与动词的及物性密切相关，受事的个体化程度越高，越是典型的名词，前面的动词的及物性越高；反之，受事的个体化程度越低，越是不典型的名词，前面的动词的及物性就越低。如下：

（39）a. 我喜欢他的爱打扮

b. 我喜欢她的爱祖国

c.? 我喜欢他的爱孩子

d. *我喜欢她的爱两个孩子

e. *我喜欢她的爱这个孩子

上述例中名物化了的动词"打扮"最抽象，"祖国"具体化稍高，"孩子"最具体。它们进入"N 的 V"时可接受程度也不同，a 的可接受程度最高，c 最低，b 处于中间状态；c、d、e 三个句子中"孩子"也不同，其中 c 句中"孩子"是无指的，已经失去了名词的空间性，个体化程度相对较低，进入"N 的 VO"比较勉强；d 中的"孩子"前有数量词修饰，e 中的"孩子"是定指的，个体化程度都很高，完全不可以进入"N 的 VO"。这说明，"N 的 V"结构中的 V 通常都是带个体化程度较低的受事的动词，也就是及物性较低的动词。

8. 受事的受影响程度。王冬梅还发现，受事的受影响程度也和及物性密切相关，受影响的程度越大，动词的及物性越强，反之则弱。如果动词的受事受影响较大，则该动词不容易进入"N 的 V"，反之，则较容易。如：

（40）领导又提升了我！我又被提升了！我又提升了！＊领导的提升

（41）领导又提拔了我！我又被提拔了！＊我又提拔了！领导的提拔

王冬梅指出，"提拔"和"提升"语义相似，其受事都可以提前构成受事主语句，但"提升"构成受事主语句时不需要加"被"字，而"提拔"必须加"被"字，这说明"提拔"的受事受到的影响没有"提升"大。它们进入"N 的 V"结构的能力也是与此相应的，"提拔"可以进入该结构，"提升"不能。因此说，"N 的 V"结构排斥对受事影响较大的动词，也就是及物性高的动词。

三、向心理论问题

朱德熙（1961）认为，在"这本书的出版是有重要意义的"中，"出版"仍然是动词，其理由是它可以受到状语修饰（"这本书的迟迟不出版"），而整个结构是名词性的，因为它既不能作谓语，也不受副词修饰。

施关淦（1981）则从向心结构理论出发，揭示了这样一个矛盾：既把"这本书的出版"说成名词性偏正短语，又认为其中心词"出版"是个动词，而且还不能说它是"名物化"用法的观点，是跟向心结构理论相悖逆的。

于是，学者们又开始对向心结构理论本身开始进行修正、反思和辩论（如朱德熙，1984；陆丙甫，1985；施关淦，1988；项梦冰，1991；吴长安，2006；司富珍，2006；陈国华，2009；黄和斌，2014）。

这一争执的出现，一方面固然是因为从结构主义视角出发的学者审视"这本书的出版"时只能将其中心语限定在"出版"上。如项梦冰（1991：75）指出"这本书的出版"中有三点值得注意：第一，整体功能是名词性的，它不能受副词的修饰，更不能加时态助词；第二，定语和中心语之间有定中偏正结构标记"的"；第三，中心词是谓词性成分。其实，抛开这一视角，中心语问题也就迎刃而解，如陆俭明（2003）。

另一方面，则是向心结构理论本身的困惑所带来。完权（2018：116）指出：

> 向心结构理论反映的是语言的"递归性"。"递归性"是人类语言区别于动物讯递系统的特性之一，是人类语言创造性能力的体现。只有承认"递归性"，才能解释为什么人类语言是"有限手段的无限使用"。放弃"扩展规约"就破坏了语言的"递归性"，也就谈不上人类语言的创造性。世界上的语言可以采用递归手段以外的其他手段来表达比较复杂的意思，比如"并置"，但是，终究不能违背"扩展规约"和破坏"递归性"。

基于这一认识，他从认知的视角对这一难题做了消解。其洞见抄录如下（完权，2018：120）：

> "指称一个事物"和"描述一个事件"可以截搭成"指称一个事件"。
> "这本书的N"（N 指称一"物"，如"封面""样态"）和"出版了这本书"（"出版"陈述一"事"）这两个概念整合截搭的产物，就是"这本书的出版"，它"指称一'事'"。
> 整合总是从两个概念各截取一部分进行截搭，两个概念各自要压缩掉一部分东西。"这本书的N"的部分名性特征被压缩掉了（能说"这本书的迟迟不出版"），但它终究不能作谓语；"出版了这本书"的时态特征也被压缩掉了（不能说"这本书的出版了"），但"出版"毕竟还能受到一些修饰。最终形成的整合体"这本书的出版"就看起来成了一个矛盾的综合体。

第三节 "的₃"与指代词同现问题

继续看下面例子：

(42) 张阿姨的那个女儿

(43) 张阿姨的那三个女儿

(44) 张阿姨（的）在英国留学的那三个女儿

在前面的例子中，我们把表领属的成分和表修饰的成分分别处理成了标志语和附接语，这与 Chomsky（1995）对英语名词短语的处理是基本一致的。然而，在处理例（42~44）时，却让人感到格外棘手。① 要知道，英语中并不允许领属语出现在限定语 the、this、that 之前，如 * John's the book 就不能说，而只能说 the book of John's。至于其原因，上面已经提到，Chomsky（1995）指出，有三类成分可以充当 D：限定语、属格一致成分、代词。英语中的"'s"是一个属格一致成分，自然置于 D 位置，这时限定词就不能再进入这一位置了。这种现象似乎和"双填标句语过滤"（Doubly Filled Comp Filter）颇为相似，我们把这一现象称为"双填 D 过滤"（Doubly Filled D Filter）。

然而，例（42~44）中的"的"是一个 D 成分，"那（个）"作为一个指示词，同样也应该视作 DP 中心语。这样一来，岂不是严重违反了"双填 D 过滤"？不仅"的"字短语如此，汉语的其他名词短语中也存在"双填 D"现象，如：

(45) 你这孩子

例（45）所显示的语言现象通常称为"复指"现象及同位语，其中同时

---

① 当然，除此之外，汉语中还有一类"红的那个苹果结构"，这是句法—语用的互动结果（张振亚，2013）。

出现了代词和限定语。如果要用 DP 结构分析，代词"你（们）"必然要位于 D，而限定语"这"同样也要置于 D 下，显然也是一个"双填 D"现象。

为恰当处理这类现象，有必要假定存在双/多层 DP。事实上，近年来已有大量研究（Giusti，1993；Zamparelli，1995；Aboh，2004；Ishane & Puskas，2001；Kariaeva，2001；Laenzlinger，2005；Isac & Kirk，2008 等）表明，一个名词性成分中可能存在两层 DP，用以表达不同的语义内容：上层主要表达指称（referentiality）、指示语（deixis）或专指（specificity），下层表达限定（determination），包括有定（definiteness）、无定（indefiniteness）、部分（partitivity）等，其结构可以简单表示如下：

$$(46) \ [\text{DP-}_{ext} \ D_{ext} \ [\text{DP-}_{int} \ D_{int} \ [\text{NP N}]]]$$

双层 DP 结构的设置，可以有效地解释有指代词和限定词同时出现的语言现象，如阿拉伯语中 *haða al-kita：b* "this the-book"，这是单层 DP 无法解决的；而且它还可以被用来解释汉语中"双填 D"现象。如例（45）的结构可表示如下：

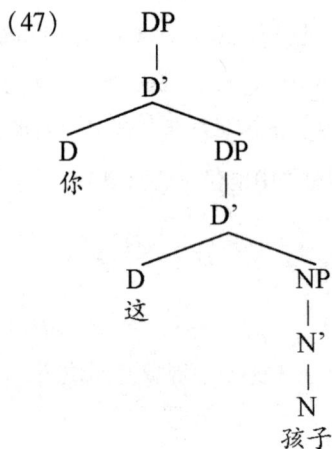

(47)

DP
D'
D 你   DP
D'
D 这   NP
N'
N 孩子

其中，"你"是一个指示语，"这"为限定语，显然符合双层 DP 要求。同理，例（42）可以处理成例（48），其上层表专指，下层表限定：

(48) a. 张阿姨的那个女儿

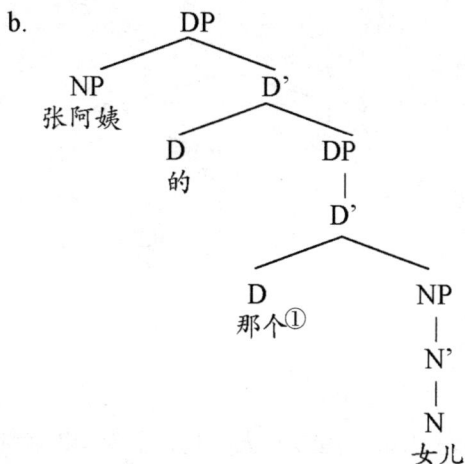

b.

```
                    DP
              ┌─────┴─────┐
             NP           D'
            张阿姨      ┌───┴───┐
                       D        DP
                       的        │
                               D'
                          ┌─────┴─────┐
                          D           NP
                        那个①          │
                                      N'
                                       │
                                       N
                                      女儿
```

例（43）稍有不同，因为这里面还涉及数量短语"三个"，为把（43）纳入本研究的处理方案，我们采纳 Cheng & Sybesma（1999，2005）以及 Huang，Li & Li（2009：291-295）的做法，把数词处理为 NumP 投射，把计数量词处理为 CLP 投射②，由此可以得到以下结构：

---

① 我们依据吕叔湘（1985：199），认为这里的"个"是一个词尾，是 niag 的韵尾-g 的遗留。当然，有些学者可能认为"那个"之中也应该存在数词"一"，相关研究可以参阅 Huang，Li & Li（2009：291-295）。果真如此，则可以按照（21）的方案做统一处理。

② 当然，需要指出的是，本研究所讨论的量词现象仅局限于现代汉语普通话，因为一旦把历史语言以及方言考虑进来，情况就要复杂得多，如近代汉语和现代方言中，量词也有指示用法，相关现象我们将另文论述。

（49）　a. 张阿姨的那三个女儿

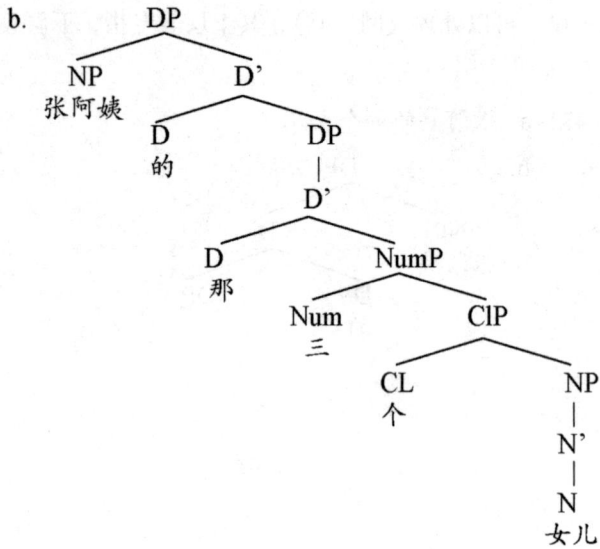

　　　　b.
```
                DP
          ┌─────┴─────┐
         NP          D'
        张阿姨    ┌────┴────┐
                 D         DP
                 的         │
                           D'
                      ┌─────┴─────┐
                      D          NumP
                      那      ┌────┴────┐
                            Num        ClP
                             三    ┌────┴────┐
                                  CL        NP
                                  个         │
                                           N'
                                            │
                                            N
                                           女儿
```

不难看出，例（49）中的上层 DP 表专指，下层 DP 表部分。另外，例（44）的结构可以处理如下：

（50）　a. 张阿姨（的）在英国留学的那三个女儿

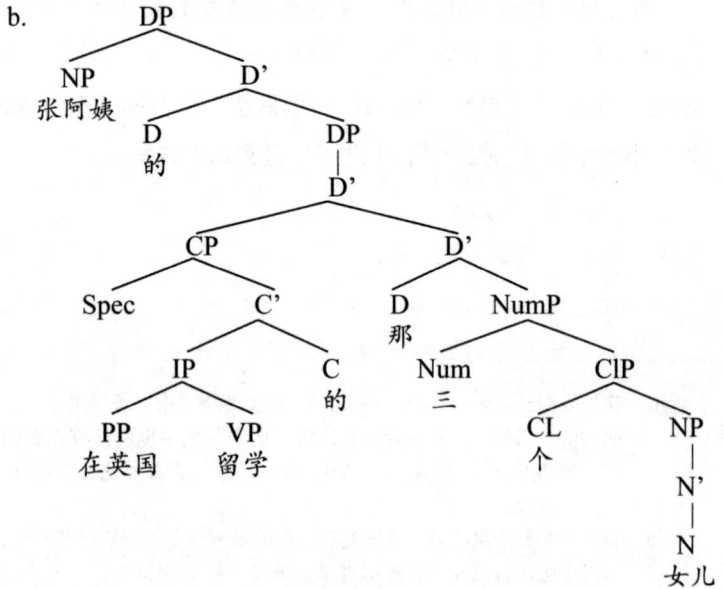

　　　　b.
```
                   DP
             ┌──────┴──────┐
            NP            D'
           张阿姨     ┌─────┴─────┐
                     D           DP
                     的            │
                                  D'
                           ┌───────┴───────┐
                          CP               D'
                     ┌─────┴─────┐    ┌─────┴─────┐
                    Spec        C'    D          NumP
                          ┌──────┴──┐ 那      ┌────┴────┐
                         IP         C       Num        ClP
                    ┌─────┴───┐     的        三    ┌────┴────┐
                   PP        VP               CL        NP
                  在英国      留学              个         │
                                                        N'
                                                         │
                                                         N
                                                        女儿
```

当然，这里 D 位置的"的"可能会出于经济和韵律需要而隐现，相关讨论可参阅庄会彬（2014b）。

第四节 "的"的句法研究意义

早在结构主义语法时代，无数关于"的"的文献尝试对"的"做出界定或讨论。其中比较有影响的便有"介词说"（黎锦熙，1924：20）、"修饰关系的明确标记说"（marker of explicit modification）（陈琼瓒，1955；Chao，1968：285）、"连词说"（张静，1980：111）、"助词说"（朱德熙，1982：40）、"连接标记说"（associative marker）（Li & Thompson，1981：111；杨永忠，2008）、"格标记说"（Case-marker）（Tsai，1994），等等。当时，尤其值得称道的是朱德熙先生有关"的"的系列著述，开始尝试对"的"分而"解"之。本章主要着力于"的$_3$"的句法性质。

这主要是从句法所倡导的"中心语说"（Ning，1995，1996；吴刚，2000；Simpson，2001，2002；司富珍，2002，2004；陆俭明，2003；熊仲儒，2005，2008；张念武，2006；何元建、王玲玲，2007；庄会彬，2014a）出发，这主要包括把"的"处理为 CP 中心语的观点（司富珍，2002），把"的"处理为 DeP 中心语的观点（Ning，1995，1996；吴刚，2000；司富珍，2004；张念武，2006），把"的"处理为 DP 中心语的观点（熊仲儒，2005，2008；庄会彬，2014a）。

以往的研究中曾有学者提出"的"应该处理为"的"字结构的中心语；然而，对于该方案的理据性及其应用范围，却至今未有深入的探讨。本章考察"的"的性质、分类以及历史渊源，认为"的$_3$"来源于中古汉语指代词，这一语言事实为"的$_3$"充当 DP 中心语的假设提供了支持。在此基础上，我们又运用 DP 假说对汉语中的一些特殊名词短语进行了处理。总体说来，DP 假说应用于汉语"的"字结构，有着较强的理据性和较高的应用价值，它不仅能够兼顾"的₃"的指代词历史来源特点（石毓智、李讷，1998，2001），还可以解释"的"与指代词"这/那"之间具有语法共性（曾美燕，2004），并且有助于更好地处理汉语中一些特殊"的"字结构。把部分"的"处理为DP的中心语有一定的可行性，完全可以用于汉语"的"字短语的研究。

当然，虽然DP假说应用于汉语的优点显而易见，但这一过程并非一帆风顺。它首先要面临传统质疑和排斥，同时还会遇到诸多技术上的难题。这里略述几条。

一、把"的₃"处理为DP的中心语无法保证与传统语法轻松接轨。一直以来，在结构主义的框架下，都视名词为名词短语的中心语；忽然之间，在"DP假说"的框架内，"的"以及指代词被处理成了DP的中心语，必然引起"反语感"（周国光，2005）。

二、以"的₃"为DP中心语的方案在处理复杂名词短语方面还不是那么得心应手，需要一一甄别。

三、除了多个"的"的名词短语之外，汉语中还经常会遇到"的"和限定语同现的情况，这时候如果坚持"的"为中心语，必然导致限定语难以处理，只能设置多个中心语。

四、另外，有关"的"的研究还涉及"的"的隐现问题，已有的研究（庄会彬，2014b）表明，除了充当句法"的"（"的$_c$"）之外，其他所有的"的"都有可能因为韵律问题隐而不现，从而使"的"的问题更加复杂。

虽然目前DP假说应用于汉语的研究仍然面临种种困难，但既然我们已经有了较为全面的认识，看到了该方案的利与弊，就能做到扬长避短，推陈出新，在生成语法的框架内给"的"字短语一个恰当的解释。

第三章

"的"的性质再探——韵律视角

第一节 句法—音系接口的理论框架

本章将从句法—音系接口的理论框架开展"的"的研究。我们将不仅涉及乔氏句法，同时还会涉及韵律音系（Nespor & Vogel，1983，2007；Selkirk，1984，1986；Hayes，1989；Nespor，1993；冯胜利，1997，2000）。以往对于句法—音系接口的研究文献丰硕，如 Chomsky & Halle（1968）、Selkirk（1984，1986，2001）、Hayes（1989）、Inkelas & Zec（1990，1995）、Pullum & Zwicky（1988）、Nespor & Vogel（2007）、Truckenbrodt（2007）等。其中，有些学者认为这一接口是单向的（unidirectional），即句法关涉（例如 Chomsky & Halle，1968；Pullum & Zwicky，1988），另外一些学者则认为这一接口是双向的（例如 Inkelas & Zec，1990；Selkirk，2001）。

本研究的理论框架是音系与（形态）句法的接口理论。它不仅涉及句法，还涉及音系，更确切地说，是韵律音系（Selkirk，1984，1986；Nespor & Vogel，1983，1986；Nespor，1993）。本研究设想句法结构会投射到韵律层面，句法结构作为句子韵律译读的输入材料，被 Nespor & Vogel 称为表层结构（surface structure）。事实上，这一关系与 Chomsky 的 T-模型互为佐证。

（1）　　PF　　　　LF

（拼出）
|
S-结构 ⎫
| ⎬ 句法
D-结构 ⎭
|
词库

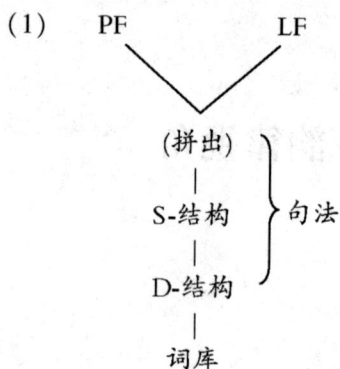

如上，句子从词库出来后会在 PF 与 LF 两个诠释层面上得到诠释，这两个诠释层面又分别为语法与发音—知觉系统（articulatory-perceptual system）以及语法与概念—意向系统（conceptual‑intentional system）的接口（Chomsky，1995b：168）。

经典生成语法理论对语言的研究通常是在句法、音系或语义单一模块内进行的，很少关注模块与模块之间的接口。然而，接口常常与模块一样重要。例如，韵律音系学认为，韵律层级由句法结构映射（map）而来。但是，一旦启用了映射规则（Mapping Rules），句法结构就不能再被用来制约音系规则。因此这一理论预测，有着同一词项序列（sequence of lexical elements）但不同句法结构的两个句子，如果它们的韵律结构相同，就会产生歧义（比较 Nespor，1993）。因此，有必要把句法—韵律接口纳入考虑范围之内。

对于韵律层级，我们采纳 Selkirk（1984）、Hayes（1989）的见解，音系结构中存在韵律层级，即话语（Utterance，简写为 U）、语调短语（Intonational Phrase，简写为 I）、韵律短语（Prosodic Phrase，简写为 Φ）、黏附组（Clitic Group，简写为 C）以及韵律词（Prosodic Word，简写为 ω），上一层级严格包含下一层级。

（2）韵律结构（Prosodic Hierarchy）①

$$
\begin{array}{c}
\text{U} \\
| \\
\text{I} \\
| \\
\Phi \\
| \\
\text{C} \\
| \\
\omega
\end{array}
$$

一般说来，要得出一个句子的音系结构，人们通常会参照它的句法结构。这正是匹配原则（Mapping Rule）的核心理念。根据 Tokizaki（1999，2005，2007），匹配原则可表示如下：

（3）将句法成分的边界［...］诠释为韵律边界/.../。

根据这一假说，例（4）两种读法的音系结构应该分别例（5）、例（6）所示（引自 Hayes，1989）：

（4）On Tuesdays, he gives the Chinese dishes.

读法 A：On Tuesdays, he gives the dishes to the Chinese.

读法 B：On Tuesdays, he gives the Chinese dishes to someone.

---

① 我们接受 Hayes（1989）的观点，即认为韵律词（phonological word 或 prosodic word）是韵律层级的最低层次。

(5)

```
                        U
           ┌────────────┴────────────┐
           I                         I
           │              ┌──────────┴──────┐
           Φ              Φ                  Φ
           │          ┌───┴───┐              │
           C          C       C              C
         ┌─┴─┐      ┌─┴─┐   ┌─┴─┐            │
         ω   ω      ω   ω   ω   ω            ω
         │   │      │   │   │   │            │
        On Tuesdays, he gives the  Chinese dishes
```

(6)

```
                        U
           ┌────────────┴────────────┐
           I                         I
           │              ┌──────────┴──────┐
           Φ              Φ                  Φ
           │              │              ┌───┴───┐
           C              C              C       C
         ┌─┴─┐          ┌─┴─┐          ┌─┴─┐     │
         ω   ω          ω   ω          ω   ω     ω
         │   │          │   │          │   │     │
        On Tuesdays,   he gives       the Chinese dishes
```

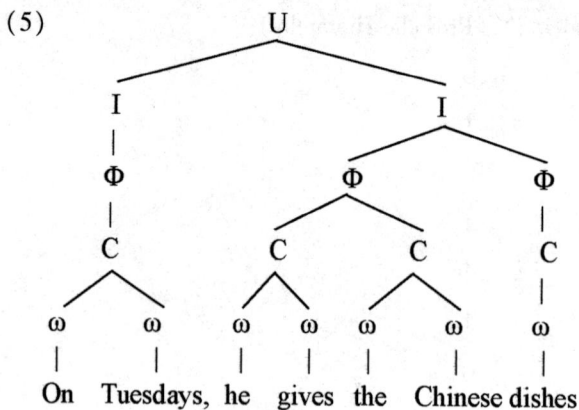

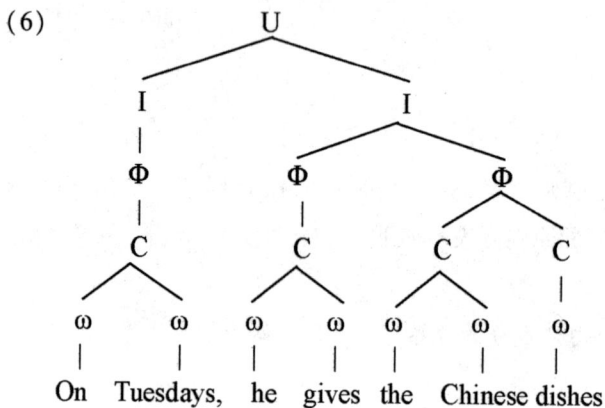

当然，匹配原则并不能确保句法结构总能与韵律结构匹配精确。事实上，Jackendoff（2009：105）早已指出这一点：

> 音系具有高度清晰的结构，并无法从句法中直接派生出来：音节和韵律成分等结构单位与句法单位并非一一对应……音系结构不能从句法结构中派生出来，句法和音韵学之间的联系也必不能通过派生建立，而是通过接口规则进行。

Inkelas & Zec（1995：538）也认为，"音系结构与句法结构的成分组构不同；虽然这两者彼此相关，却并非同构"。是以，音系结构与句法结构不对应时，可能就会发生句法—音系错配。在此基础上，无疑可以进一步推论出，应用映射规则之初到最终的语音表达之间应当存在一定的语音调整。而这正是 Selkirk（1986）的理论模型，如例（7）所示：

（7）Selkirk（1986）的理论模型

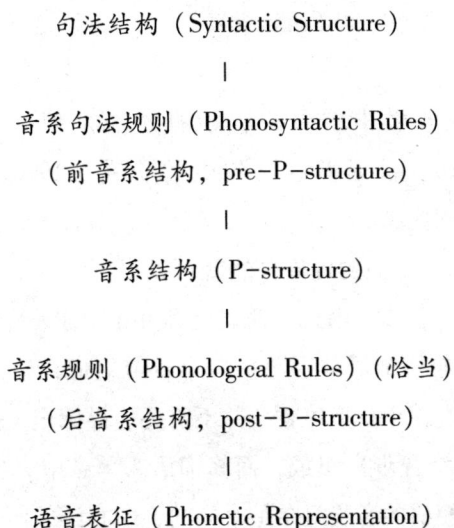

句法结构（Syntactic Structure）

|

音系句法规则（Phonosyntactic Rules）

（前音系结构，pre-P-structure）

|

音系结构（P-structure）

|

音系规则（Phonological Rules）（恰当）

（后音系结构，post-P-structure）

|

语音表征（Phonetic Representation）

有了以上理论考量，这一章中，我们将在韵律语法的框架内对"的"展开讨论。

"的"在汉语中有着举足轻重的作用，且它对汉语表达的韵律格外敏感。例如，若一词语的中心语与修饰语皆为一个音节，"的"无须出现，如（8a）所示。如中心语包含两个音节，修饰语包含一个或两个音节，"的"也无须出现，如（8b~c）所示：

（8）a. 青（的）草

b. 漂亮（的）女孩

c. 好（的）女孩

然而，在其他情况下，"的"则必须出现，如：

(9) a. 很青 * （的）草

　　b. 漂亮 * （的）花

　　c. 漂亮可爱 * （的）女孩

　　d. 很漂亮 * （的）女孩

要对这一现象做出解释，最好的办法是把"的"看作边界标记（boundary marker）。根据冯胜利先生的研究（1996，1997，1998，2000，2001a，2004），现代汉语中，自然音步是双音节音步，且"右向构词，左向造语"。有了这些，上面的现象自然就可以得到解释。例（8a）中，两个音节自然形成了一个音步，因此，两者之间并不要求一个边界标记。例（8b）中，由于中心语与修饰语分别是由两个音节组成，各自形成一个音步，因此，它们之间存在一个自然停顿，并不需要边界标记。例（8c）中，中心语由两个音节（一个音步）组成，而修饰语为单音节，也没必要插入界限标记，其原因是：短语的音步组向是左向的，中心语的两个音节靠右，自成音步，因此修饰语与中心语之间有一个自然的停顿，没有必要插入界线标记"的"。

在例（9）中，"的"必须出现。先看例（9a~b），如果"的"不出现，自然音步组向就会把后两个音节组合到一起，在第一、二音节之间会出现停顿，如例（10）所示：

(10) a. * 很　　青　　　草

　　　　 *　　 （ *　　 *

　　b. * 漂　　亮　　花

　　　　 *　　 （ *　　 *

如果把例（9a）读成［很＃青草］，给人的感觉是，在这一短语内部，"很"直接修饰"青草"，即副词修饰名词，这在汉语中是不允许的。①至于例（9b），这种组合则会影响其语义加工，这就是为什么必须插入"的"来打破该组合。

例（9c）与例（9d）皆包含两个以上音步，如果没有"的"出现，难以判断哪个音步为主导，如下：

(11) a. *漂 亮 可 爱 女 孩
　　　 *　 *　(*　 *　(*　 *

　　 b. *很 漂 亮 女 孩
　　　 *　 (*　 *　(*　 *

可见，"的"应当是一个比自然停顿更为显著的界限标记。问题由此产生："的"在（韵律）音系结构中的作用是什么？

有了上面的讨论，我们自然而然地会想到一个问题：为什么"的"能够充当界限标记？若要对这一问题做出满意回答，我们需要借助于严格层次假说（Strict Layer Hypothesis）（Selkirk，1984；Hayes，1989）。

回想前面我们对英文"On Tuesdays, he gives the Chinese dishes"两种读法音系结构的处理，我们据此将例（8）和例（9）的音系结构分别做如例（12）和例（13）的处理［其中例（8）中有带"的"和不带"的"的两种结构，我们都分别给出］。

---

① 近年来，有一种用"很"来修饰名词的趋势，如"很美国""很男人"。但迄今这类用法的接受度并不高。更何况，这里的"名词"是否就是名词，也还值得探讨。

（12）a.

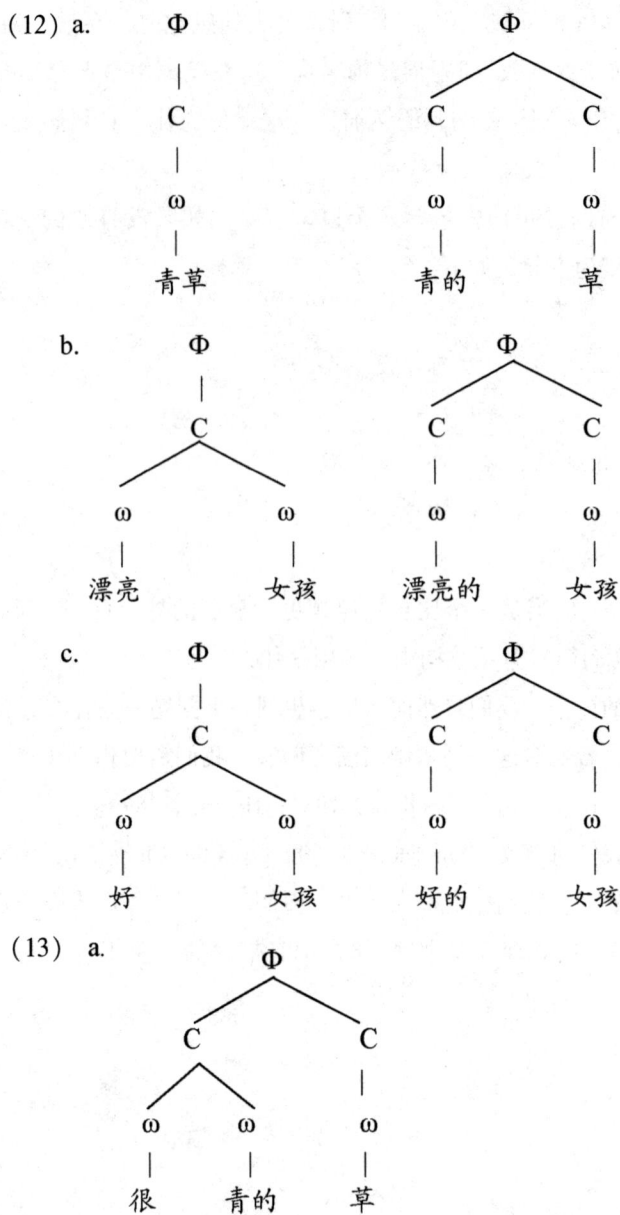

（13）　a.

b.

```
           Φ
          ╱ ╲
         C   C
         |   |
         ω   ω
         |   |
       漂亮的  花
```

c.

```
              Φ
             ╱ ╲
            C   C
           ╱ ╲   |
          ω   ω   ω
          |   |   |
        漂亮 可爱的 女孩
```

d.

```
              Φ
             ╱ ╲
            C   C
           ╱ ╲   |
          ω   ω   ω
          |   |   |
         很 漂亮的 女孩
```

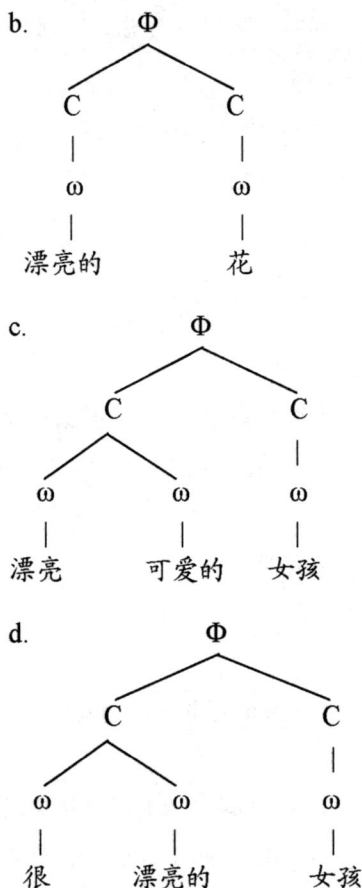

有关以上结构有两点还需要做出进一步解释：第一，我们把"的"看成韵律词的一部分，主要依据是，冯胜利先生（1996：164）指出，"如果把'功能词'（functional word）的'的''在……上''了''吧'等也考虑进来，那么就可能出现大于三音节的音步，因此也有可能有大于三个音节的韵律词"（亦见冯胜利，1997：23）；第二，"的"的出现有助于构建黏附组（Clitic Group）。如上面的例子所示，一旦"的"出现，必然会导致黏附组的出现。

为解释以上两点，有必要把"的"假设为一黏附成分，而事实恰恰支持我们这一假设。一方面，"的"无法独立存在，而必须依赖于语音寄主（即只出现在"X的"结构中）；另一方面，它仍具有意义，例（14）中"的"的出现影响了"我"的意义：

　　　　（14）我≠我的

　　以上两点恰恰与Spencer（1991：350）所给出的定义相吻合："黏附成分具有实词的性质，但是不能独立应用，必须依赖于一个语音寄主才能出现。"

　　设若以上分析正确，我们接下来继续考察第二个问题，并思考汉语黏附组的构成问题。以往文献中，学者们对黏附组做出了不同的定义（如Hayes，1989；Nespor & Vogel，2007；Vogel，2009），但无一适用于构建汉语的黏附组，例如，Hayes（1989：208）的定义如下：

　　　　（15）黏附组的形成
　　　　　　a. 每一个实词（content word / lexical category）属于一个独立
　　　　　　黏附组；
　　　　　　b. 定义：黏附组的核心（host）为其所含的实词；
　　　　　　c. 定义：倘若C统制（dominate）X与Y，则X与Y在C中
　　　　　　共享范畴成员（category membership）；
　　　　　　d. 规则：黏附词（clitic word）左向或右向并入一毗邻的黏附
　　　　　　组，所选择并入黏附组的核心与该黏附词共享范畴成员数目
　　　　　　较多。

　　以上定义依赖于"实词"这一概念，它或许对许多语言适用，但却不见得适用于汉语。①根据冯胜利先生（1996，1997）的研究，韵律词必须至少是一个音步，汉语中一个音步由两个音节组成，因此汉语的韵律词通常包含两

---

　　① 　Hayes自己也承认（14）中的定义"虽然足以适用于许多语言，但并不具有普遍性"（Hayes，1989，p.211）。

个音节。这就意味着，单音节的实词，如"青"与"草"，独自无法构成韵律词,①它们又如何能属于单独的黏附组？因此，为讨论汉语的黏附组，我们有必要对既有黏附组的定义加以修正如下：

(16) 黏附组的形成（修正）

　　a. 在双韵素音步的语言（如英语）中，实词自成独立黏附组。而在双音节音步的语言（如汉语）中，实词 α 属于一独立黏附组，当且仅当

　　(i) α 是双音节（及以上）的韵律词或

　　(ii) α 是单音节词，但它为黏附词所附着，或者被孤立（从而独成蜕化音步）。②

　　b. 定义：黏附组的核心（host）为其所含的实词；

　　c. 黏附词（clitic word）左向或右向并入一毗邻的黏附组。

根据以上定义及前人研究（J. Tang, 1990；熊仲儒, 2008）可知，汉语黏附组的构建与黏附词有着密切的关系。一个实词，无论音节多寡，只要为黏附词所附着，必然会形成独立的黏附组。这就解释了为什么黏附词"的"会具有界限标记的功能。下面我们将首先探讨"的"在韵律词法中的作用，之后继续观察"的"在韵律句法中的作用。

---

① 当然，汉语中的单音节词，作为一个蜕化音步，在独立的语调组（Intonational Group）里能形成单音节的韵律词，并通过停顿、延长等手段满足音步要求（见冯胜利, 1996）。

② 根据熊仲儒（2008），有些"功能词"，如数词、量词、度量词等，可能会右向依附于一相邻黏附组。其结果仍然是一个黏附组。

第二节 "的"在韵律词法中的作用

冯胜利先生（1998）深入考察了"构词/造语"与音步之间的关系，提出了"左向音步"和"右向音步"的概念：汉语的构词音步从左边算起，而构造短语的音步则从右边算起，即"右向构词，左向造语"。在这一基础上，冯先生（2004：15，2005：110）解释了合成复合词中的动宾倒置现象。为什么"*饲养军马方法"是非法的？冯先生指出，"军马饲养方法"属于词汇形式，要构成这一合法的词汇形式，其中的音步组合必须一律"右向"；然而，"饲养军马"是动宾短语，必须左向。其结果就造成了构词规则和短语规则的彼此冲突，如：

(17) *[(饲养) (军马) (方法)]
动+宾
构词

如果宾语一定要出现，根据构词音步必须左起的要求，它只能移到动词左边的附加位置。于是有了"军马饲养方法"。然而，有意思的是，如果在例（18）中的"饲养军马"与"方法"之间插入"的"，这一动宾语序立即变得合法，即：

(18) 饲养军马的方法

"的"在韵律语法中是不是有特别的作用？对此，冯胜利先生（1997，2000，2001a，2001b，2004，2005）虽已谈及，却没有深入讨论，给我们留下了些许遗憾。笔者不揣谫陋，本章将就"的"在韵律语法中的作用略陈管见。

对于"的"在韵律词法中的地位，冯胜利先生谈及三个方面。

一、"的"在构建韵律词中的特点。冯胜利（1997：23）谈道："'音步'是以'词汇词'（lexical word）为对象建立的音步。如果把'功能词'（functional word）的'的''在……上''了''吧'等等也考虑进来，那么就可能出现大于三音节的音步，因而也可能有大于三音节的韵律词。"

二、"的"在构建短语中的作用。冯胜利（2000，2001a，2001b）在讨论"A+NN"形式时，已经用实例说明了"的"的作用。

（19） 大盘子 ＊很大盘子 很大的盘子

小雨伞 ＊很小雨伞 很小的雨伞

伟大人物 ＊非常伟大人物 非常伟大的人物

"＊很大盘子""＊很小雨伞""＊非常伟大人物"这些不合法的形式一旦插入"的"，就变得合法了。可见"的"在这里起到了至关重要的作用。

三、冯胜利（2004：13，2005：107）指出，"［名+的+名］"的结构（如"塑料和玻璃的杯子"）为短语形式（其成分甚至可以接受句法操作），构词与造语迥然有别。

然而，冯先生虽然已指出"的"在韵律词法中的作用，却没有明确解释，为什么在"＊饲养军马方法"和"＊很大盘子"中插入"的"能使该结构变得合法。实际上，这正是"的"字的韵律功用所在。从本质上来讲，"的"是一个黏附成分（clitic），必须依附于毗邻的黏附组（Clitic Group）。也就是说，"的"字的插入能够把一个词或短语一分为二（多），形成两个（或多个）黏附组。例如（引自熊仲儒2008：527）：

（20） a. ［$_{NP}$张三的桌子］［$_{LOC}$上］［$_{C}$张三的］［$_{C}$桌子上］

b. ［父亲的父亲的］［父亲］［$_{C}$父亲的］［$_{C}$父亲的］［$_{C}$父亲］

　　如此一来，例（18）、例（19）之间的差异就能得到解释。前面谈到，例（18）不合法，是因为构词音步组向和动宾短语音步组向彼此冲突，如下：

　　（21）＊[　　　[饲养　　　　　军马]　　　方法]
　　　　　　　[← 动宾短语音步组向]
　　　　　　[构词音步组向 →　　　　　　　　　　　　　]
　　　　　＊[构词音步组向 →　　← 动宾短语音步组向]

　　然而，如果插入"的"，这一冲突不复存在，因为"的"字的插入把这一词的韵律打破了，形成了多个黏附组①。构词音步组向不再适用，如下：②

（22）

---

① 我们对"黏附组"的界定参考了熊仲儒（2008：527）的定义，即：
　　a. 每一个有描写内容的词（content word / lexical category）属于一个独立的黏附组；
　　b. 规则：功能范畴可以左向依附于毗邻黏附组，而轻声的功能范畴则强制性左向依附于毗邻黏附组。功能范畴的右向依附跟左向或右向成分的语用特征及左向成分的韵律特征等有关。
② 我们的很多讨论将在韵律音系学（prosodic phonology）的框架内进行，以下符号会经常用到：话语（U）、语调短语（I）、韵律短语（Φ）、黏附组（C）、韵律词（ω）等（Hayes 1989）。

接下来的问题是，为什么例（19）中的"＊很大盘子""＊很小雨伞""＊非常伟大人物"不能说？冯胜利（2001a：附注3，2001b，2001c，2005：8-9）指出，"大盘子""小雨伞"之类的"A＋NN"形式实为"句法词"——虽为句法运作的产物，但结果是词，因此既有短语的性质，又有词汇的特征。如果这一前提正确，"＊很大盘子""＊很小雨伞""＊非常伟大人物"的不合法性自然可以得到解释。根据冯胜利（2000：95）的观点，"三个音节组成一个独立的音步，因为［1＃2］跟［2＃1］都不能说"。因此，"大盘子""小雨伞"都是独立的音步。至于"大盘子"和"小雨伞"不能用"很"直接修饰的原因则可以从韵律和语义两个方面加以解释。

首先，从韵律上讲，"大盘子"和"小雨伞"本身都是严谨的韵律词了，有着独立的音步。"很"加入后，只能自成音步，从而形成了［1＋3］的形式，显得极为拗口；如果读作［2＋2］的形式，则势必要破坏韵律词"大盘子"和"小雨伞"本身的结构。①

其次，从语义上看，"＊很大盘子""＊很小雨伞"如果用［1＋3］的形式读出来，给人传达的意思是"很"修饰"大盘子"或"小雨伞"。然而，汉语中是不允许用副词"很"来修饰名词的。

同理，"＊非常伟大人物"也可以得到解释。根据冯胜利（2000：95）的观点，六字串的最自然读法是"［2＃2／2］"。如此一来，"非常伟大人物"就应该读成［非常＃伟大／人物］，给人传达的意思是"非常"修饰"伟大人物"。然而，如上所述，这在汉语中是不允许的。

可是，为什么插入"的"以后，"很大的盘子""很小的雨伞""非常伟大的人物"都变成合法的了呢？其原因就在于"的"字的插入把这一词原有的音系结构打破了，从而形成多个黏附组。如下：

---

① 冯胜利（2005：9）还指出，"红小雨伞"不能说，这也可以通过本条解释来排除。

(23)

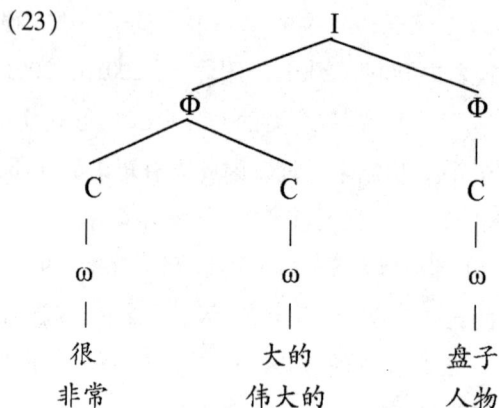

第三节　从伪定语看"的"在韵律句法中的作用

以上谈的是"的"字在汉语韵律词法中的作用，接下来，我们再来看"的"在韵律句法中的作用。根据庄会彬、刘振前（2012）的研究，"的"在韵律句法中的作用在伪定语问题上体现得最为明显。我们将先回顾以往对伪定语的研究，探讨其不足，再从"的"的韵律特征视角给出解释。

伪定语现象的研究意义重大，引人入胜。对我们深入了解语言结构，揭示人类大脑中支配语言处理的客观规律及普遍原则有着极其重要的意义。遗憾的是，以往的研究虽然在解释伪定语的推导方面取得了一定成就，但却始终不能令人满意。我们不妨先做一简要回顾。

一、伪定语研究现状

吕叔湘先生（1965）指出，例（24）与例（25）中的"他的老师"意思很不相同。

　　（24）他的老师教得好。

　　（25）他的老师当得好。

　　例（24）中，"他的老师"显然是一个普通的领属结构，而在例（25）中则很难说"他的老师"是一个领属结构，因为这里指的是"他当老师这件事"。像这样的例子有很多，再如：

　　（26）a. 他的篮球打得好。

　　　　　 b. 他的媒人没当成。

　　　　　 c. 你的象棋下得过他？

　　例（25）和例（26）中的定语都不是真正意义上的定语，黄国营（1982）称之为"伪定语"，朱德熙称之为"准定语"。许多学者都相信"伪定语"中的句法与语义背离，从而把它们视作一种"句法—语义错配"现象（Huang，1991，1994，1997，2005；黄正德，2004，2008；沈家煊，2007；吴怀成，2008；S.-W. Tang，1998；邓思颖，2008，2009，2010）。

　　总体说来，伪定语可以分为两类，伪领属与伪名量（黄正德，2004，2008），前者如上面各例所示，后者如"当了三年的兵"。此外，多数学者又会把伪领属一分为二：①领格表施事，以"他的老师当得好"为代表；②领格表受事，以"泼他的冷水"为代表。

　　（27）a. 你别泼他的冷水。

　　　　　 b. 他早就在打她的主意了。

　　（28）a. 他当了三年的兵。

　　　　　 b. 李老师教了我们三年的语文。

（一）句法视角

自2004年黄正德做了"他的老师当得好"报告以来（该文2008年正式

发表于《语言科学》第三期)，这一句式在学界引起了诸多关注（如沈家煊，2007；吴怀成，2008；邓思颖，2009；刘礼进，2009；杨炎华，2014）。围绕着该句式的产生方式，学者们从不同的视角进行了较为深入的探讨。总体说来，可归为"句法"和"认知"两种视角，前者以黄正德为代表，后者以沈家煊为代表。我们将回顾以往的研究，指出其分析方案中存在的不足，并对汉语伪定语的产生机制问题进行辨正。

1. 黄正德的解释

为解释"他的老师当得好"这一句式，黄正德（Huang，1991，1994，1997，2005；黄正德，2004，2008）提出名物化和动词移位的分析模式，其推导①过程如下：

(29) a. 他 DO［他的 当 老师］（得好）。 （深层结构）

b. 他 当ᵢ［他的 tᵢ老师］（得好）。 （动词核心移位）

c. ［e］当ᵢ［他的 tᵢ老师］（得好）。 （受事主语句步骤一：主语省略）

d. ［他的 t 老师］ⱼ当 tⱼ（得好）。 （受事主语句步骤二：宾语提前）

e. 他的老师当得好。 （表面结构）

应该承认，这一分析方法较好地利用了句法来解决诸多伪定语句式，避免了单纯重新分析的许多尴尬。然而，这一方案仍然面临着不少问题。看下面两个句子：

(30) 你别泼他的冷水。 （黄国营 1981：42）

(31) 李老师教了我们三年的语文。 （黄国营 1981：39）

---

① "推导"，来自英文 derivation。学界存在不同的汉语翻译，有"衍生"（黄正德，2004，2008）、"派生"（邓思颖，2008）、"推导"（2009）等，我们采用"推导"。

黄国营（1981）早已明确指出，上述两例属于伪定语。但此类伪定语句式，用黄正德先生的分析方案推导起来却有些困难。请先看例（30）。按照黄正德的处理（2004，2008），伪定语的出现有赖于谓语的动名化，即谓语动名化后，其主语转化为动名短语 GP（Gerundive Phrase）的定语（黄正德，2008：230）。如此一来，谓语动名化后只会变成"你的泼冷水"，而不是"他的泼冷水"。也就是说，例（30）在其深层结构里真有一个"伪定语+动名短语"，那也应该是"你 DO 你的给他泼冷水"，并无法派生出一个"他的"来。①

再来看例（31）。按照黄先生的分析方法，（31）应该源自下面的结构：

（32）

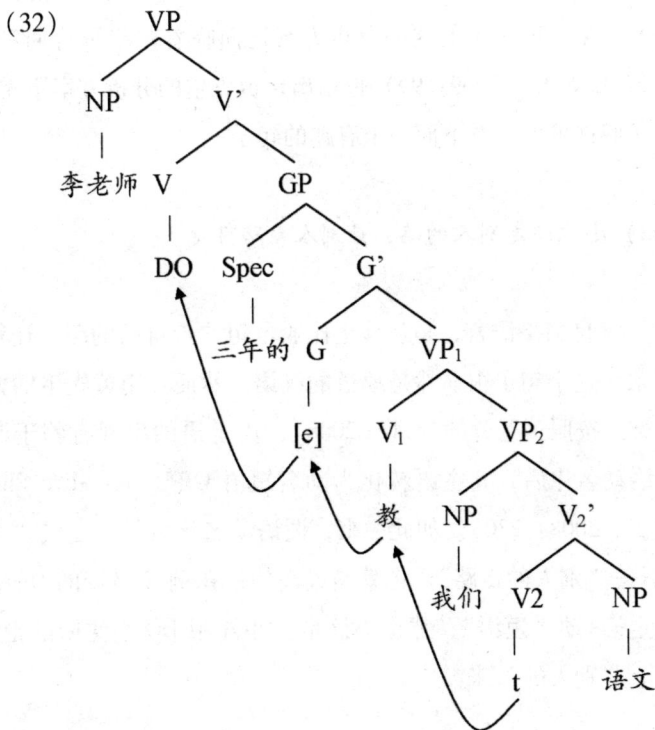

---

① Huang（1997）曾尝试用 Larson 的 VP-壳（1988）分析"他们绑了我的票"，但对于"的"的由来却是语焉不详。邓思颖（2000）则认为 Spec，VP 下是"我的"，但"的"的来源邓先生并没有给出交代。

即，谓语"教我们语文"动名化后置于动名短语 GP 之下，而动量词"三年的"处于定语位置。然而，这样一来，虽然动词词根"教"（通过核心移位）可以移到 DO 位置上，"我们"却无法提升到高于"三年"的任何位置。如果坚持使用黄先生的方案推导例（31），唯一的办法是一开始就把"我们"置于"三年的"上方，即句子深层结构是"李老师给/为我们 DO 三年的教语文"；如此一来，"教"可以移到 DO 的位置，形成"李老师给/为我们教了ᵢ三年的 tᵢ语文"；再进一步提升，则形成"李老师教了ᵢ我们 t'ᵢ三年的 tᵢ语文"。然而，这样做的前提是要首先证明短语"给/为我们"是一个 VP 结构，而非附接 PP 结构——如果是附接 PP 结构，"教"又怎么可以移到附接语内？可见，黄先生的这一分析方案还面临着一些亟待回答的问题。此外，Huang, Li & Li（2009：99）也指出，黄先生的分析方案不无问题。

另外，我们这里再来看下面一个有趣的句子：

（33）小沈阳走别人的路，让别人无路可走。

例（33）来自网络语言，是从莎士比亚名句"走自己的路，让别人说去吧"类推而来。这个句子很显然是地道的汉语，然而，用黄先生的方案来推导却格外困难。按照黄正德的处理（2008），伪定语的出现有赖于谓语的动名化，即谓语动名化后，其主语转化为动名短语 GP（Gerundive Phrase）的定语（黄正德，2008：230）。如此一来，谓语动名化后只会变成"小沈阳的走路"，而不是"别人的走路"。也就是说，如果在例（33）的 D-结构里真有一个"伪定语+动名短语"，那也应该是"小沈阳 DO 小沈阳的走路"，而无法推出一个"别人的"来。

（34）小沈阳 DO 小沈阳的走路。
（35）小沈阳 DO 别人的走路。

事实上，黄先生的方案不仅有其不及之处，还有可能导致过度生成。如根据黄先生的方案，完全可以推导出例（36~39）。

(36) *他的老师当了。

(37) *他的媒人没当。

(38) *他的李四打得好。

(39) *他教了三年的我。

例（36）的推导如例（40）所示［鉴于例（37）的推导类似于例（36），此不赘述］，例（38）与例（39）的推导分别如例（41）、例（42）所示。

(40) a. 他 DO［他的 当 老师］（了）。　　　　　（D-结构）

　　 b. 他 当$_i$［他的 t_i老师］（了）。　　　　（动词核心移位）

　　 c. ［e］当$_i$［他的 t_i老师］（了）。　　　　（主语省略）

　　 d. ［他的 t 老师］$_j$当 t_j（了）。　　　　（宾语提前）

　　 e. *他的老师当了。　　　　　　　　　　　（S-结构）

(41) a. 他 DO［他的 打 李四］（得好）。　　　　（D-结构）

　　 b. 他 打$_i$［他的 t_i李四］（得好）。　　　（动词核心移位）

　　 c. ［e］打$_i$［他的 t_i李四］（得好）。　　　（主语省略）

　　 d. ［他的 t 李四］$_j$打 t_j（得好）。　　　（宾语提前）

　　 e. *他的李四打得好。　　　　　　　　　　（S-结构）

(42) a. 他 DO（了）三年的教我。　　　　　　　（D-结构）

　　 b. 他教$_i$（了）三年的 t_i我。　　　　　（动词核心移位）

　　 c. *他教了三年的我　　　　　　　　　　　（S-结构）

d. *

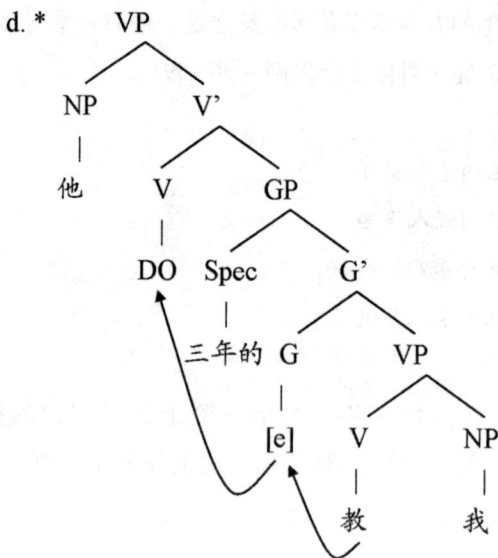

2. 邓思颖的解释

为了解释汉语南北方言在对伪定语可接受程度方面的差异，邓思颖（Tang，1998；邓思颖，2008，2009，2010）对黄正德的模型做了修正，并把参数理论考虑进来。①他提出，动名化是通过动词移位产生的——动词提升到名物化词头 Nom 的位置。具体到伪定语句式，他认为，形成动名词的动词是没有语音成分的空动词 e，而伪定语则是以附接（adjunction）的方式加到名物化短语 NomP 之上的。具体如下（邓思颖，2009：243）：

（43）[ₙₒₘₚ伪定语 [ₙₒₘₚNom [ᵥₚ e宾语]]]

尽管对黄先生的方案做了修正，邓先生仍然无法解释例（30）和例（33）所展示的现象。邓先生认为形成动名词的空动词"虽然没有语音形式，但却是

---

① 邓思颖先生（2008，2009，2010）与刘礼进先生（2009）只讨论了伪领属，而没有涉及伪名量。

有意义的词汇词"（邓思颖，2009：243）。既然空动词有意义，它必然就会排斥与它不相干的伪定语附接。也就是说，通过这一方案，例（30）中的"他的"由于与动词"泼"并不发生关系，也就无法引入 NomP 中来。

事实上，邓思颖的方案还面临着一个更为严峻的问题——违反题元标准。按理说，"他的老师当得好"中的"当"是一个二元如谓词，要求带两个论元。这两个论元在其语义结构（thematic structure）中各自对应着一个题元角色，分别为"施事"和"受事"（黄国营，1982：122）。然而，反观邓先生的推导方案，却只有一个论元，即"老师"，接受题元角色的指派。至于伪定语"他的"中的"他"则不可能获得题元角色指派，因为"他的"是后来附接上去的（邓思颖，2009：243）。果真如此，那就意味着，"当"的一个题元角色无法指派，明显违反了题元标准（θ-Criterion）。

3. 刘礼进的解释

刘礼进先生（2009）采纳 de Vries（2002）的关系化提升理论，对伪定语现象做出了解释，例（44）如下：

(44) a. $[_{\text{DP-rel}}\ \text{Op}\ [_{\text{NP}}\text{老师}]]\ \rightarrow$

   b. $[_{\text{DP-rel}}\ [_{\text{NP}}\text{老师}]\ \text{Op}\ t_n]\ \rightarrow$

   c. $[_{\text{IP}}\text{他当}\ [_{\text{DP-rel}}\text{老师}_n\ \text{Op}\ t_n]]\ \rightarrow$

   d. $[_{\text{CP}}\ [_{\text{DP-rel}}\text{老师}_n\ \text{Op}\ t_n]_i\ [_{\text{IP}}\text{他当}\ t_i]]\ \rightarrow$

   e. $[_{\text{DP}}\ [_{\text{D}}\ \varphi]\ [_{\text{CP}}\ [_{\text{DP-rel}}\text{老师}_n\ \text{Op}\ t_n]_i\ [_{\text{IP}}\text{他当}\ t_i]]]\ \rightarrow$

   f. $[_{\text{DP D}'}\ [_{\text{CP}}\ [_{\text{C}}\ [_{\text{IP}}\text{他当}\ t_i]\ \text{的}]\ [_{\text{DP}}\ [_{\text{D}}\ \varphi]\ [_{\text{CP}}\ [_{\text{DP-rel}}\text{老师}_n$
   $\text{Op}\ t_n]_i\ \text{C}\ t_{ip}]]]]\ \rightarrow$

   g. $[_{\text{DP D}'}\ [_{\text{CP}}\ [_{\text{C}}\ [_{\text{IP}}\text{他 当}\ t_i]\ \text{的}]\ [_{\text{DP}}\ [_{\text{D}}\ \varphi]\ [_{\text{CP}}\ [_{\text{DP-rel}}\text{老师}_n$
   $\text{Op}\ t_n]_i\ \text{C}\ t_{ip}]]]]$（当得好）。

以上推导可谓引人入胜，但这一方案用来解释例（30）一类的句子仍存在疑问。如采用刘先生的方案，例（30）则应从"泼他该泼的冷水"推导而来。这一推导，单是从语义上来看就说不过去，毕竟"泼他该泼的冷水"与"泼他的冷水"意思完全不同（关键是，前者没有后者所具有的习语义）。①

刘先生的方案也同样面临着过度生成的问题。例如，例（36~38）中的非法句子用刘礼进的方案一样可以推导出来［例（39）所表现的伪名量，刘礼进（2009）并未涉及］。例如，例（36）和例（38）的推导分别如例（45）、例（46）所示。

(45) a. $[_{DP\text{-}rel} \text{Op} [_{NP} 老师]] \rightarrow$

b. $[_{DP\text{-}rel} [_{NP} 老师] \text{Op } t_n] \rightarrow$

c. $[_{IP} 他当 [_{DP\text{-}rel} 老师_n \text{Op } t_n]] \rightarrow$

d. $[_{CP} [_{DP\text{-}rel} 老师_n \text{Op } t_n]_i [_{IP} 他当 t_i]] \rightarrow$

e. $[_{DP} [_D \phi] [_{CP} [_{DP\text{-}rel} 老师_n \text{Op } t_n]_i [_{IP} 他当 t_i]]] \rightarrow$

f. $[_{DP\,D'} [_{CP} [_C [_{IP} 他当 t_i] 的] [_{DP} [_D \phi] [_{CP} [_{DP\text{-}rel} 老师_n$ $\text{Op } t_n]_i C t_{ip}]]] \rightarrow$

g. * $[_{DP\,D'} [_{CP} [_C [_{IP} 他 当 t_i] 的] [_{DP} [_D \phi] [_{CP} [_{DP\text{-}rel} 老$ 师$_n \text{Op } t_n]_i C t_{ip}]]]$（当了）。

(46) a. $[_{DP\text{-}rel} \text{Op} [_{NP} 李四]] \rightarrow$

b. $[_{DP\text{-}rel} [_{NP} 李四] \text{Op } t_n] \rightarrow$

c. $[_{IP} 他打 [_{DP\text{-}rel} 李四_n \text{Op } t_n]] \rightarrow$

d. $[_{CP} [_{DP\text{-}rel} 李四_n \text{Op } t_n]_i [_{IP} 他打 t_i]] \rightarrow$

e. $[_{DP} [_D \phi] [_{CP} [_{DP\text{-}rel} 李四_n \text{Op } t_n]_i [_{IP} 他打 t_i]]] \rightarrow$

f. $[_{DP\,D'} [_{CP} [_C [_{IP} 他打 t_i] 的] [_{DP} [_D \phi] [_{CP} [_{DP\text{-}rel} 李四_n$ $\text{Op } t_n]_i C t_{ip}]]] \rightarrow$

---

① 对于"你别泼他的冷水"之类伪定语，刘先生的解释还是苍白的：难道说"你别泼他的冷水"是来自"你别泼他（该泼）的冷水"［参比刘礼进（2009：50）的例（25）]？也许有人会说，刘先生的题目是《也谈'NP1 的 NP2 + V 得 R'的生成》，自然已经把（2）这类伪定语排除在讨论之外了。而事实却是，刘先生的讨论范围并没有限于"NP1 的 NP2 + V 得 R"句式，而是把除了伪名量以外的各种伪定语都涉及了，并一一表达了自己的观点（刘礼进，2009：45、50）。更何况，他还宣称"我们有理由认为，所有的汉语准定语结构都是通过关系化移位/合并生成的……"（刘礼进，2009：48）。所以说，我们的批评并非无的放矢。

g. * $[_{DP} D' [_{CP} [C [_{IP} 他 打 t_i] 的] [_{DP} [_D \phi] [_{CP} [_{DP-rel} 李$
四$_n$ Op t$_n$]$_i$ C t$_{ip}$]]]]（打得好）。

（二）认知视角

认知视角以沈家煊为代表。沈家煊（2007）使用了"类推糅合"对"他的老师当得好"这一句式进行了分析。"类推糅合"的基础是一个方阵格局，如下：

(47)

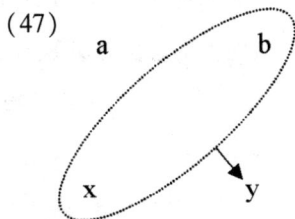

在这一方阵中，a 与 b 的关系类似于 x 与 y 之间的关系，即"横向相关，竖向相似"。其中 a、b、x 是现成的，将对角的 b 和 x 加以糅合，取 b 的结构式，x 的词汇项，即可得到 y。举例如下：

(48) a. *说话说了半天。*   b. *说了半天的话。*

      x. *骂人骂了几个钟头。* y. （一）← xb（*骂了几个钟头的人*）

也就是说，汉语中已经有 a "说话说了半天"和 b "说了半天的话"（两句是相关的），也已经有了 x "骂人骂了几个钟头"（它跟 a 相似），但是还缺少一个跟 x 相关而且跟 b 相似的 y。这时，将 b 和 x 加以糅合，取 b 的结构框架和 x 的词项，即可得到 xb "骂了几个钟头的人"，填入 y 位置，形成一个完整的方阵格局 a：b=x：y。

另外，沈家煊（2007）认为，"他的老师当得好"的生成方式如下：

（49）a. 他讲课讲得好　　　　b. 他的课讲得好

　　　x. 他当老师当得好　　　y.（—）← xb 他的老师当得好

也就是说，汉语中已经有 a "他讲课讲得好" 和 b "他的课讲得好"（两句是相关的），也已经有了 x "他当老师当得好"（它跟 a 相似），但是还缺少一个跟 x 相关而且跟 b 相似的 y。这时，将 b 和 x 加以糅合，取 b 的结构框架和 x 的词项，即可得到 xb "他的老师当得好"。

沈先生的理论听起来简单明了，但实际操作起来，却极为麻烦。因为这一方案在启动之前，需要设置诸多限制条件。即便如此，一不小心还会生成不合法的句子。如下例中我们严格按照沈家煊先生的思路排列矩阵（甚至例句没太大变化，只是换了几个词），结果我们还是推出了不合法的句子。

沈先生给出例（50）这样的类推糅合（沈家煊，2007：2）：

（50）a. 说话说了半天　　b. 说了半天的话

　　　x. 骂人骂了几个钟头　y.（骂了几个钟头的人）

那么，按照例（50）的 "糅合" 方法，很容易就能 "糅" 出（51），如下：

（51）a. 说话说了半天　　　b. 说了半天的话

　　　x. 教我们语文教了三年　y.（—）← xb（教了我们三年的语文）

然而，相对于例（51），或许更容易 "糅" 出来（52）：

（52）a. 说话说了半天　　　b. 说了半天的话

　　　x. 骂我们骂了半天　　y.（—）← xb ＊骂了半天的我们　或

x. 教我们教了三年　　　y.（一）← xb ＊教了三年的我们①

更多的例子：

(53) a. 说话说了半天　　　　b. 说了半天的话

　　 x. 骂那人骂了几个钟头 y.（一）← xb ＊骂了半天的那人

(54) a. 说话说了半天　　　　b. 说了半天的话

　　 x. 骂约翰骂了几个钟头 y.（一）← xb ＊骂了几个钟头的张三

(55) a. 说话说了半天　　　　b. 说了半天的话

　　 x. 骂我们骂了几个钟头 y.（一）← xb ＊骂了几个钟头的我们

另外，"泼他的冷水"这类的句子也不好"糅"出。要知道，"泼他的冷水"是伪定语，它所在的位置肯定是 y，至于 x，我们的意见是"给/向他泼冷水"（当然，其他人可能还有别的见解）。b 该是什么呢？根据沈先生所提出的限制条件（沈家煊，2007：3），b 应是使用频率高且与 y 相似度高的词语。似乎可以选用"打他的屁股"（相信这句的频率够高的，从小已是耳熟能详了），与 y 的结构也非常相似。可是，a 该是什么？

(56) a. ???　　　　　　　 b. 打他的屁股

　　 x. 给/向他泼冷水　　 y.（一）← xb 泼他的冷水

如果按照沈先生的要求，似乎最适合填入 a 位置的该是"给/向他打屁股"！这听上去有些滑稽，问题却很严肃。可以说，糅合假说完全不像沈先生所说的"生成过程十分简单，不需要假设任何没有语音形式的成分，也不需要假设移位、删除等多个操作步骤，只需要假设一个步骤即'糅合'……"（沈家煊，2007：4），而是相当麻烦，"通过设置句子（概念）对应的方阵格局

---

① 　或许有人会指出，"教我们"和"说话"的相似性差。可沈先生在例（50）中用的"说话"和"骂人"的相似度并不见得就高。

来执行糅合类推分析，从理论上和经验上来看都是一种较高成本的运作"（刘礼进，2009：46）。更何况，汉语中类似于"泼他的冷水"的结构还有好多，如"找他的别扭""绑他的架"等，如果把它们放在沈先生的矩阵中，前者的 x（可能是"给他找别扭"）和后者的 x（可能是"把他绑架"）甚至都不相同，每一个句子的 a、b 都要分别寻找，这可是大费脑筋的事情。

事实上，石毓智（2007）早已指出糅合理论存在诸多问题。如例（56）之类句式中的动词有着两种相反的意义，如果建立方阵来糅合，又去哪里找 a、b 呢？

（57）a. 小王借了他几十年的钱。

b. 我租了他们三年的房子。

c. 他上了我一个月的课。

总而言之，"糅合说"不仅仅烦琐，而且还容易造成例（55）那样的过度生成；对例（56）这样的句式又无可奈何。因此，它并没有真正解决伪定语句式的产生问题。

正是因为糅合分析突显出来诸多问题，吴怀成（2008）对其做了一些修正，如进一步限制了条件，同时还将"类推糅合"进行了拓展，提出"由一种句式向另一种句式糅合类推，并非一定要词词对应，只要句子的格局一样，完全有可能产生糅合类推"（吴怀成，2008：130）。吴先生的巧妙之处在于，他设法绕开了例（30）这类语言现象［吴先生引用过黄国营（1982）一文，不可能对此视而不见］，而专注于讨论出现在动词前的伪定语，也就是他所谓的"准定语+N+V 得 R"句式。如果把例（30）（31）拿过来讨论，吴先生的结论极有可能站不住脚。至于吴先生所总结出的"句式转换前提条件"所存在的漏洞，我们下一节再做讨论。总的说来，虽然经过吴先生的修正，"类推糅合"仍然流于表面，面对语言现象，只能就事论事，成本高、效率低。这对语言共性的探讨并无裨益。

二、伪定语的韵律语法分析

(一) 伪领属的韵律分析

对伪定语的韵律解释主要涉及两种运作：一是韵律结构（Prosodic Hierarchy）之前的匹配原则（Mapping Rule）；再就是边界标记"的"的插入。在开始之前，我们先看下面的例句：

（58）a. 我没当成老师。b. 我老师没当成。c. 我的老师没当成。

通常，例（58a）被称作是常规（canonical）句式，例（58b）为焦点结构（focus structure），例（58c）为伪定语结构。根据 Shyu（1995）的观点，例（58b）应该是由例（58a）派生而来，即：

（59）我［老师］$_i$没当成 t$_i$。

例（58b）的音系结构（phonological structure）又该如何？根据匹配规则（Mapping Rules），"我"和"老师"应分别处理成不同的韵律短语，即让焦点成分独自映射成一个韵律短语 Φ，这样做，既能照顾到句法结构，又兼顾了语义。如下：

（60）

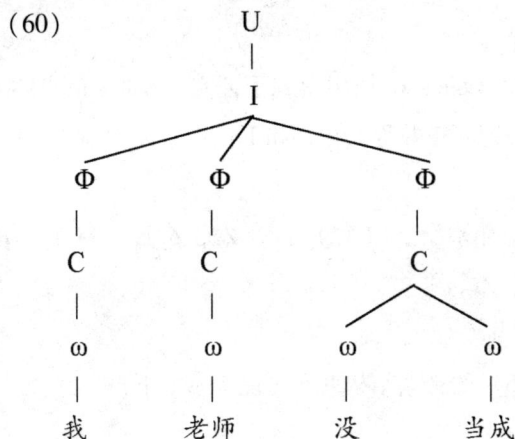

　　然而，事情并非如此简单。如果我们用较快的语速读例（58b），就会发现，其中的"我"发生了变调：由上声变为阳平。这说明"我"和"老师"两个韵律短语之间的边界并不是那么清晰可辨。作为一种韵律现象，按常理，上声连读变调应该只会发生在韵律短语内部，而不会跨韵律短语发生。"我"的变调明显表明，"我"与"老师"在一个韵律短语之内。可见，匹配规则并不意味着完全匹配。Jackendoff（2009）早已指出，音系结构并不能由句法结构推导出来，句法与音系的联系亦非推导所能促成，而需要由接口规则来完成。其实，以往对其他语言的研究早已注意到了这一问题，如Kenesei & Vogel 早在 1990 年便已经提出泛化焦点重建规则，如下（引自Kenesei & Vogel，1990：44-45）：

　　（61）泛化焦点重建规则（Generalized Focus Restructuring Rule）：
　　　　a. 如果句子中的某个韵律成分带有［+F］特征，其（句法）递归的一侧即为韵律短语的边界，而非递归一侧的成分（如果有的话）将与之融合，成为一个韵律短语。［+F］特征被重新指派之后，韵律短语内部成分的地位不变。
　　　　b. 如韵律短语为无分支结构（non-branching），则有可能与其递归一侧的韵律短语合二为一。

　　该规则提出不久就在 Chichewa 语中得到了证实（Kanerva，1990）。Frascarelli（2000）将这一规则修正并程式化，如下：

　　（62）$[[Y]_\phi [X_{[+F]}, (X_0)]_\phi [Z_1, Z_2]_\phi]_I \rightarrow [[Y, X_{[+F]}, (X_0)]_\phi]_I [[Z_1, Z_2]_\phi]_I$

　　如此一来，例（58b）的音系结构就有可能表示如下：

(63)

```
                    U
              ┌─────┴─────┐
              I           I
              │           │
              Φ           Φ
              │           │
              C           C
            ┌─┴─┐       ┌─┴─┐
            ω   ω       ω   ω
            │   │       │   │
            我  老师     没  当成
```

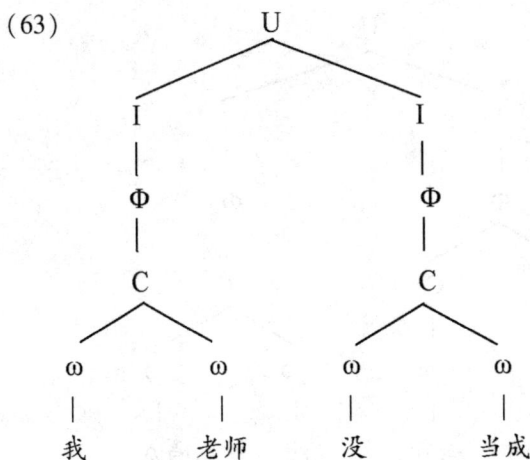

出于句法结构和语义角度考虑［"我"和"老师"在句法上分属于不同的成分，语义上也不能进入一个组合，并非"我（的）老师"之意］，必须保证"我"和"老师"分属于不同的黏附组。在实际话语中，如何才能做到这一点？通常说来，有三种方法：

一、停顿法。即在"我"之后稍加停顿，再读"老师没当成"；

二、插入语气词"呀""吧"等。如"我呀，老师没当成"；

三、插入"的"，形成伪定语结构。即获得例（58c）"我的老师没当成"。

根据王茂林（2005）的观点，由于语气词以及"的"都属于黏附成分（clitic），音系结构上需要前附。也就是说，"呀""吧""的"等都必须向左依附于毗邻的黏附组。因此，语气词以及"的"字的插入能够确保"我"和"老师"分属于不同的黏附组。即：

（64）

```
                        U
                   ┌────┴────┐
                   I         I
                   │         │
                   Φ         Φ
                ┌──┴──┐      │
                C     C      C
                │     │    ┌─┴─┐
                ω     ω    ω   ω
                │     │    │   │
            我（呀/的） 老师   没   当成
```

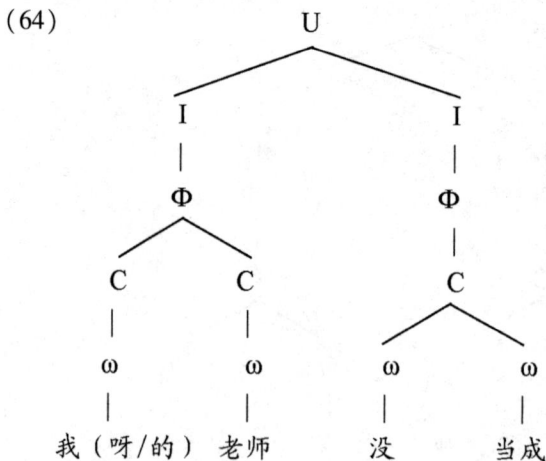

再来看一组例句［其中（65）是对前面例（30）的重复］：

（65）a. 你别泼他的冷水。

　　　b. 他早就在打她的算盘了。

有了上面的讨论，例（65）中"的"的来源就不难解释了。例（65a）中"他"和"冷水"以及例（65b）中的"她"和"算盘"之间如果没有"的"，韵律上就会要求它们相合（试快读"泼王五冷水""打王五主意"时，"五"会出现变调）；而句法和语义要求它们相离，合与离的矛盾导致了"的"的插入。

有意思的是，例（58b）中为保证"我"和"老师"分属于不同的黏附组，可以使用停顿、插入语气词和插入"的"三种方法；而例（65）中插入"的"字的方法却是最佳选择，停顿法可以接受，而插入语气词的方法则完全不能接受。原因何在？

例（58b）中的"我"实为话题。根据石毓智（2001：88）的观点，话题后面可以停顿或者可以添加语气词"啊""吧""嘛""呢"等（主语与谓语之间则不允许）。例（65）则有所不同，根据以往的研究（梅广，1978；

Tsao，1990；Huang，1982），其伪定语结构是由双层 VP 结构（VP‐shell）派生而来的，如下：

(66) a. 你别 $[_{vP} v [_{VP}$ 他 $[_{v'}$ 泼冷水 $]]]$ （深层结构）

b. 你别 $[_{vP}$ 泼 $[_{VP}$ 他 $[_{v'}$ t 冷水 $]]]$ （v 吸引"泼"移位到 vP 的指定语位置）

c. 你别泼 $[_{NP}$ 他的冷水$]$ （重新分析，"的"字插入）

因此，例（65）的伪定语结构内既不涉及话题结构，也不存在宾语从句结构。① 所以，（65a）中"他"和"冷水"以及例（65b）中的"她"和"算盘"之间也就不允许"吧""呀""啊"等语气词的出现。

到目前为止，可以说一切还算顺利。然而，例（67）却仍显棘手。

(67) a. 他数学最喜欢。

b. 他吧，数学最喜欢。

c. ＊他的数学最喜欢。

为什么例（67a）、（67b）是合法的，而例（67c）却不能被接受呢？这是因为，和例（58b）、（58c）相比，例（67）这类的句子有所不同，它实际上是一种对比结构，不能单独使用。如下：

(68) a. 他数学最喜欢（语文不喜欢）

b. ＊他的数学最喜欢（语文不喜欢）

也就是说，如例（68a）所示，"他数学最喜欢"中"他"是一个话题，

① 根据 Huang，Li & Li（2009：85），"呀"字可以插入到动词与其宾语从句之间。

其辖域（scope）不仅仅包括"数学喜欢"，还包括"语文不喜欢"，如果重新分析成例（68b）"他的数学最喜欢"，就丧失了对后面的句子的统辖，所以例（68a）不能进行重新分析并插入"的"。类似的例子还有很多，如：

> (69) a. 他碗也不洗，饭也不做，就知道吃。
>
> b. 他吧，碗也不洗，饭也不做，就知道吃。
>
> c. *他的碗也不洗，饭也不做，就知道吃。

（二）伪名量的韵律解释

以上所谈的是伪领属中的"的"。事实上，伪定语现象不只包括伪领属，还包括伪名量。看下面的例句：

> (70) a. 他当年下乡时，放了一年猪，杀了六个月树。
>
> b. 他当年下乡时，放了一年的猪，杀了六个月的树。

如果快速读例（70a），我们能明显感觉到"月"字发生了音变，由全降变为半降，这在一定程度上表明"六个月树"被读成了 [2＋2] 格式，即"六个 ＃ 月树"，与冯胜利先生（2000）所提出的自然音步规则相符。可问题是，这种读法与句法结构以及语义的要求相悖，后者要求"六个月树"的节律为 [3＋1]。韵律和句法（以及语义）相决之下，很多时候，人们倾向于在"月"和"树"之间插入"的"字，也就是例（70b）。作为一个黏附成分，"的"的插入，打破了原来句法与韵律相持不下的格局，将"六个月树"一分为二，形成两个黏附组。这样的音系结构满足了句法和语义的要求，为汉语使用者所喜爱。

从上述讨论可知，真名量中"的"的使用也多是韵律与句法、语义交织的结果，如（例子来自黄国营，1981）：

> (71) a. 小海看了五十分钟的电视。

    b. 老李找我谈了几分钟的话。

    c. 我们开了两小时的会。

    d. 陈老师一连讲了三小时的课。

    e. 育才小学开了两天的运动会。

    f. 他听了二十分钟的相声。

以例（71a）为例，如果没有"的"的存在，虽然句法和语义要求"五十分钟"和"电视"分属两个短语，韵律却仍然会把它们处理到一起，并读成［五十 # 分钟／电视］这样的音步（参冯胜利，2000：95）。而插入"的"以后，这一问题就不复存在了，"五十分钟"与"的"结合，形成一个黏附组，"电视"则独成一个。其音系结构如下：

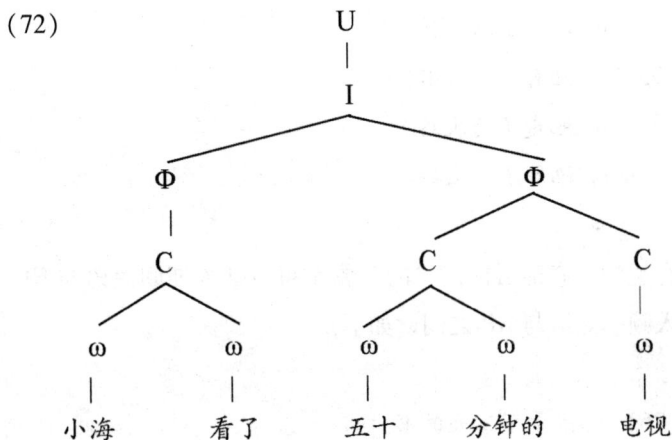

（72）

```
                          U
                          |
                          I
                  ┌───────┴───────┐
                  Φ               Φ
                  |          ┌─────┴─────┐
                  C          C           C
               ┌──┴──┐    ┌──┴──┐        |
               ω     ω    ω     ω        ω
               |     |    |     |        |
              小海  看了  五十  分钟的   电视
```

同理，许多表属性的修饰成分与其中心名词之间也会插入"的"，如例（73）：

（73）a. 创造性的成果

    b. 敌意的目光

    c. 木头的桌子

      d. 钢铁的长城

    其中例（73a）最为典型。如果例（73a）中没有"的"，韵律的要求容易把"创造性"和"成果"处理到一起，并重新组合音步，成为［创造＃性成果］。这显然与本意大相径庭。然而，插入"的"以后，这一问题不复存在："创造性"与"的"结合，形成一个黏附组，"成果"独成一个。此类例子还有很多，再如"一次性交易"，倘若读成"一次＃性交易"，则意思完全不同，而有了"的"字存在，歧义就不复存在。

    这里顺便谈到另外一个现象，如下：

    （74）a. 他看了三天书。

          b. 他走了两个小时路。

          c. 他当了三年兵。

    （75）a. 他看了三次书。

          b. 他走了两次路。

          c. 他当了三次兵。

    更为有趣的是修饰语标记"的"常常可以插入期间短语与 NP 之间，但却不能插入频率短语与 NP 之间，如下：

    （76）a. 他看了三天的书。

          b. 他走了两个小时的路。

          c. 他当了三年的兵。

    （77）a.？他看了三次的书。

          b.？他走了两次的路。

          c.？他当了三次的兵。

"三天"和"两次"这两类名量短语本质上也是有差别的。"三天"表事物单位，而"三次"表示行为单位（王力，1958：234），前者与名词关系更紧密，后者则与动词的关系更密切。根据黄正德先生（2008）的研究，这些期间短语、频率短语语义上指涉动量，只是在句法上处于定语、名量的位置，因此这些名量实为伪名量。也就是说，"骂了三天的街"与"？骂了两次的街"的差异，是由两类名量短语的本质差别所致："三天"与名词关系更紧密，比较容易接受重新分析；而"三次"与动词的关系更密切，它与后面的名词短语进行重新分析就困难得多，自然很难形成偏正结构"的"名词短语。

第四节 "的"的韵律研究意义

以往对于"的"的研究，最有影响的当属朱德熙（1961）。他的研究尤以对"的"的分类而称著。在结构主义语法框架下，朱先生将"的"一分为三，分别称为副词性、形容词性和名词性语法单位的后附成分（即"的₁""的₂""的₃"）。这一分法，可以说，已把"的"的语法功能做了较好的描写。然而，对于"的"为什么会有这些语法功能，朱先生却没有解答。

生成语法倒是对这一问题做出了部分的解释，如司富珍（2002）提出"的"为标句语（C^0 or complementizer）；Ning（1995，1996）将"的"看成是一个独立功能投射的中心语（DeP）；Simpson（2001，2002）提出"的"为 DP 的中心语。这些说法在汉语界反响颇大，一时间引发了"的"研究的高潮（吴刚，2000；司富珍 2002，2004；陆俭明，2003；熊仲儒，2005；张念武，2006；何元建、王玲玲，2007；等等）。然而，生成语法的分析只能解释部分"的"字的语法现象，而对于其他的"的"，则或者疲于应付，或者干脆避而不谈。

生成语法的解释之所以会出现这样的问题，主要是因为他们只采用了纯句法的手段，而忽略了韵律的作用。然而，有一部分"的"的出现并非句法运作的结果，而是韵律作用的结果，如果强行使用句法的手段来解释韵律现象，其结果自然可想而知。

本章从韵律语法的视角考察了"的"字的作用。"的"作为一个黏附成分，本身在韵律上不能独立，而必须依附于毗邻的黏附组上。由于这一特点，"的"在构建汉语节律的过程中起到极其重要的作用。本章对韵律词法和韵律句法中的"的"分别予以考察，解释了"饲养军马的方法"等词法现象以及"我的老师没当成"等句法现象，从语言事实和理论研究两个角度阐明了"的"在韵律语法中的作用。也就是说，至少有一部分"的"并不是纯语法运作的结果，而是在韵律与语法交织的情况下插入的。

在这一基础上，本章提出，就其推导来源看，"的"应分两类：纯粹由语法运作而生成的"的"（的$_G$）以及韵律与语法交织而致的"的"（的$_P$）。前者只在语法层面上起作用，后者则具有调整韵律的作用。

典型的"的$_G$"是充当 DP 中心语的"的"，前贤已有讨论（Simpson，2001，2002；陆俭明，2003；熊仲儒 2005；何元建、王玲玲，2007），这里不再赘述。

典型"的$_P$"则是伪定语中的"的"。伪定语在学界常常被认为是一种"句法—语义的错配"现象（沈家煊，2007；黄正德，2008；Huang, Li & Li，2009）。对于"的"的由来，以往的研究提出了多种的解释方案（沈家煊，2007；黄正德，2008；吴怀成，2008；邓思颖，2009；刘礼进，2009；等等），却都只能解释部分现象，未能真正有效解释"的"的来源[①]；如果把韵律因素考虑进来，这一问题就能迎刃而解。

要全面、深入地考察"的"，必须在充分考虑句法因素的基础上，兼顾韵律的特点，只有这样，才能对"的"的功用做出充分解释。

那么，承认一部分"的"是韵律作用的结果，是否与以往的研究结论相矛盾？回答自然是否定的。承认一部分"的"是韵律作用的结果不但与以往的研究不相矛盾，而且还是对以往研究的继承、补充和发展；正是有了以往在语法方面研究的突破，我们才能够清晰地得出，除语法作用之外，还有一部分"的"是韵律作用的结果。

---

① 相关问题的讨论，请参阅刘振前、庄会彬（2011）。

第四章

"的"的隐现原则

第一节 文献综述

对"的"的隐现问题的研究，20世纪已开始热烈讨论（黎锦熙，1924；吕叔湘，1944：48；张志公，1954；王力：1953；史存直，1954；陈琼瓒，1955；肃父，1956；范继淹，1958；等等）。早期的研究，多是以比较朴素的观察和直觉来做出解释。如吕叔湘（1944：48）发现了"的"的隐现，并拿来与文言比较（该引文原文标点与今日规范不同，已改为今之标点。下同。）：

10.44 白话在指称词后加"的"字表示领属关系，这个"的"字往往可以不说，尤其是在"们"字之后。例如：

我们〔的〕冬儿她〔的〕爸爸，在海淀大街上看热闹，这么一会儿的工夫就丢了。（冬儿）

冬儿是躲到她〔的〕姨儿，我〔的〕妹妹家去了。（同）

文言也可以用"之"字表领属。"吾"字之后照例不用，"我"字后可用可不用（组合式词结后常用），"余"字后常用，"予"字后常不用。"尔""汝"之后通常也直接名词，不加"之"字。"彼"字之后则必加"之"字（"彼诗"就是"那首诗"，"彼之诗"才是"他的诗"）。

张志公（1954：189）则将这归于习惯：

> 修饰语跟被修饰语之间，有的用"的"，有的不用。一般说来，用不用"的"，是由习惯来决定的；而习惯的形成，大体有两个因素，一个是要求发音便利，一个是要避免误解。比如"红旗"，"红"是"旗"的修饰语，因为两个都是单音节，直接连在一起很好说，加个"的"字，说起来反而绕口，而且不加"的"也不会引起任何误解，所以这中间通常不用"的"字。"撤销的命令"，"撤销"是"命令"的修饰语，如果不用"的"字，我们听起来必定以为"命令"是"撤销"的宾语，结果就把意思理解错了。所以这个"的"字一定要用。

及至世纪之交，"的"的隐现问题更是备受关注，涌现出陆丙甫（1988），张敏（1998），徐阳春（2003a，2003b），王光全、柳英绿（2006），徐阳春（2008），王远杰（2008）等系列研究，且在近年愈演愈烈。下面我们将对以往研究加以简要回顾。在开始讨论之前，我们首先看一下完权总结的"的"的结构类型与其隐现的关系。

一、"的"的结构类型与其隐现

完权（2018）概括以往研究中"的"字的结构类型，并列出必用"的"和可用"的"且"的"依然出现的情形，列表如下（引自完权，2018：35-36）：

	必用"的"	可用"的"
名词短语定语（含领格）	北京的天气 以前的总统	木头（的）桌子 我（的）脚
动词短语定语	吃的东西 看的电影	剩（的）饭 学习（的）计划

	必用"的"	可用"的"
形容词短语定语	金灿灿的麦田 漂漂亮亮的衣服	新（的）书 漂亮（的）衣服
指示词定语	这样/那样的人 怎么样/哪样的人	怎么样（的）一个人 这样（的）东西
数量词定语		两箱子（的）书 七百位（的）专业红娘
介词结构定语	对儿子的态度 在操场上的学生	
伪定语	他的篮球打得好 他看了一个小时的图片	
关系小句	烧塌了的房子 我拟订的计划	
无空关系小句	毒蛇咬的伤口 他唱歌的声音	
同位小句	我去国外旅行的计划 三姐妹香港聚会的新闻	
动词中心语（含形容词）	这本书的出版 面向基层的扶贫帮困	
代词中心语	普通的我 现在的这里	
省略中心语	我喜欢大的包，他喜欢小的。 他的衣服是蓝色的。	
无中心语	大星期天的 真有你的	

二、"的"的隐现研究

（一）"的"的隐现与松紧关系的研究

在"的"的隐现与松紧关系问题方面，吕叔湘先生的贡献颇有卓见。吕先生最早是 1944 年在《中国文法要略》（中卷）谈到韵律的松紧对"的"字隐现的影响："主要原则是结合得紧就不用（所以复词内一概不用），结合得松就要用，例如'水红绸子'要比'渺茫的歌声'结合得紧些。"吕先生的这一观察可说是"的"隐现研究的先声，成为后世"的"隐现研究的主线之一。

在吕叔湘（1942）之后，学界较多的研究就是从松紧关系着手，如陈琼瓒（1955）。陈琼瓒从意义入手，考察了单项定语后"的"的隐现，提出了"称谓"说。其初步结论是：

> "的"字的用法是很有规律的。"的"字加在修饰语后起强调修饰语的修饰、区别作用，不用"的"字使短语的结构密切，成为事物的称谓，有的简直形成为复合词。强调修饰语是无意义的时候，不应该用"的"字；不能作为某种事物的称谓的时候，就要用"的"字。

此后，肃父（1956）用熟语与非熟语来考察结合的松紧与"的"的隐现关系。范继淹（1958）则从句法的角度，考察了形名组合"形·名"与"形·的·名"成立的条件。其结论如下：

> 形容词性成分修饰名词性成分依靠两种不同的语法手段，达到两种不同的语法效果。
>
> 1. 用语序作为语法手段（即不带"的"字）：形容词性成分和名词性成分结成一个紧密的"形·名"组合，构成一个整一的句法单位。其中的形容词性成分在句法关系上不再发生作用，造句时只需考虑整个组合所具备的名词性特点，不需要考虑形容词性成分本身有什么特点……

2. 用"的"字作为语法手段（即带"的"字）：形容词性成分借助于"的"字而成为一个独立的、足以影响结构关系的句法单位。"形·的·名"组合在句法关系上不是一个整体，而是两个不同的句法单位，造句时必需考虑组合之中的形容词性成分有些什么语法特点……

完权（2014）提出从偏正关系的词到短语之间存在如下整合度由高到低的连续统一体：

复合名词连续统：

整合度高：词汇化复合词（合成词）　　　　　大车

　　　语境自由复合词：固定　　　　　侦察小组

　　　　　　　　　　　松散　　　　　漂亮姑娘

　　　语境依赖复合词：入句　　　　　领导手

　　　　　　　　　　　特设　　　　　以往沉寂

整合度低：短语（必须使用"的"）　　　　　红红的太阳

这一观点有高度和洞见，与沈家煊（2014）的观点相辅相成，即结构关系的松紧就是"词紧语松"。

（二）"的"的隐现与距离关系的研究

"距离象似性原则"是学界与松紧关系较近的一条研究路径。通过"距离象似性原则"探讨"的"的隐现规律的研究，首推张敏（1998）。他提出，语言成分之间的形式距离与概念距离平行，而"的"可加大定语与核心名词之间的形式距离，因此定语与核心名词的概念距离越远，就越容易带"的"；越近，就越不容易带"的"。进而，他将这一研究扩展到多项定语，并发现，在下面两个序列中，"越靠右，'的'隐去的可能性就越大；越靠左，'的'（或其他间隔成分）出现的可能性就越大"。

词类序列：

> 领属语>逻辑量词>指示词>数量词>状态形容词>性质形容词>区别词 名词 动词>中心词

表义功能序列：

> 情状属性>（新旧、形体、颜色、质料、功能）>中心语

距离象似性原则一经推出，就遭遇诸多反例。如陆丙甫先生给出的以下例子：

> （1）a. 塑料（的）自动洗衣机
>   b. 塑料自动（*的）洗衣机

在此基础上，陆丙甫（2004）总结一条"距离—标记对应律"：

> 一个附加语离核心越远，越需要用显性标记去表示它和核心之间的语义关系。
> 这里所谓的"显性标记"，是指由语音形式的标记成分。
> 这种倾向的功能原因很明显。当两个有联系的成分分隔的距离越大，要感知、识别这种关系就越困难，因此就需要有标记去提示。这是由人类认知（甚至也包括动物认知）的基本特点所决定的。

在此基础上，刘丹青（2008：11）进一步提出"尽前省略"：

> 多层定语（定语本身是内含定语的 NP）和多项定语（几个定语依次修饰核心）都有排斥"的"在一个名词性短语内多次出现的倾向。两

类情况的共同倾向是"尽前省略",即位置在前的定语,尤其是在定语之首的领属语,最容易或最需要省略"的"。而紧靠核心名词的领属语不能省"的"。此外,对多项定语来说,由名词、区别词等充当的非领属属性定语在紧靠核心名词的情况下也以无"的"为常。

这一观点与陆先生的观点异曲同工,又有所精进。

(三)"的"的隐现与韵律的关系

1963 年,吕先生在《现代汉语单双音节问题初探》一文中又一次指出"的"的隐现与音节数目有着极大关系。他发现,四音节组合,常常不用"的"字,因为它们"都有点像复合词了",如"外交礼貌""绝对高度"等。这一洞见为后世"的"的隐现研究又谱写另一条研究主线。

郭洁(2013)提供的语料,恰是说明这一问题。如:

(2) a. 很高智商

b. 很大帮助

c. 极高要求

d. 很高水平

e. 特大灾难

(3) a. 漂亮(的)姑娘

b. 聪明(的)学生

c. 干净(的)衣服

d. 善良(的)姑娘

但同时,郭洁(2013)提供的也有反例。如:

(4) 非常高难度

(5) a. 安静＊(的)男孩

b. 忙碌 * （的）妈妈

c. 好奇 * （的）学生

d. 专心 * （的）听众

e. 暴躁 * （的）群众

f. 烦躁 * （的）学生

g. 健康 * （的）身体

h. 整齐 * （的）床铺

i. 暖和 * （的）房间

　　且不说郭洁如何从句法上对这些现象做出解释（第五章会有进一步的解释），单是从韵律角度看，这些例子（包括反例）足以说明，韵律在"的"的隐现中起着一定作用，但并不绝对。正是沿着这一研究路径，周韧（2014，2019）做了深挖，发现汉语语法中确实存在着双音节和四音节的对立，从而提出"的"作为定语标记，在句法语义允准的情况下，应尽量处于整个定中结构的中央地带，以保持"的"字左右的成分在韵律上的大体平衡和匀称。

　　不仅定中结构如此（主要涉及"的$_2$""的$_3$"），状中结构（主要涉及"的$_1$"）也是如此。如朱德熙（1961）指出：

　　1.2 单音节副词之后都不能带"的"，双音节副词有两类。一类不能带"的"，例如："已经、马上、素来、刚好、恰巧"；一类可以带"的"，例如："非常、十分、忽然、简直、格外、不住、明明、渐渐、偏偏、暗暗"。第二类双音节副词什么时候带"的"，什么时候不带，我们说不出条件来，看来好像是自由的。比较：

A	B
非常有趣。（骆10）	这使他非常的痛快。（骆6）
门忽然开了。（骆86）	他忽然的不那么昏昏沉沉的了。（骆165）
在屋里简直无事可作。（骆156）	简直的没一点起色。（骆69）
外面的黑暗渐渐习惯了。（骆20）	像拉着块冰那样能渐渐的化尽。（骆21）
心中不禁暗暗怜悯。（席34）	都暗暗的掉下了眼泪。（席12）
就赶紧往里走。（席4）	大家伙儿赶紧的往屋跑。（席12）

A组各句的副词之后都不带"的"字，相应的副词在B组里都带"的"字。这类副词加"的"不加"的"可能有某种细微的区别，但这两类格式的基本语法功能并没有发生变化，则是可以肯定的事实。

很显然，朱先生在此已经发现了"的₁"出现的一个根本韵律要求，单音节副词之后都不能带"的"，只有双音节副词可能带"的"——虽然不是所有的双音节副词都能带"的"，但起码有一点可以肯定，"的₁"出现的韵律条件之一便是要求双音节。

（四）启迪

以往研究汉语"的"的隐现问题，考虑到了松紧、距离、韵律等多个方面。总体说来，各个研究视角仍是各自为政，缺乏有效结合。多个视角到底能否予以综合考虑，并做到有机结合？

事实上，以往的研究早已回答了这个问题。如吕叔湘先生（1999：158-159）指出，"并列的'的'字短语修饰一个名词很自由。但是两个'的'字短语逐层修饰一个名词的——'A的+（B的+名）'，在语音节律上不够协调，语义层次也不够明确，最好尽量避免。而三个以上'的'字短语逐层组合——'A的+［B的+（C的+名）］'或'（A的+名）的+（B的+

93

名）'几乎决不允许"。

吕先生在这里，很明确指出了导致"的"字隐现的三个因素：一是"语音节律"——韵律问题；二是"语义层次"——松紧问题；三是"层次多寡"——距离问题。

可以说，"语音节律"和"语义层次""层次多寡"正是解决"的"字隐现问题的金钥匙。以往的研究在这两个视角各有着力，但都没有做到较好的结合。这就给我们一个启迪：可以综合考虑三个方面的因素，并尝试将之结合，予以对"的"的隐现做出解释。下面我们将先从"的"的韵律效应谈起。

第二节　"的"的隐现解释

一、"的"的性质及韵律作用

（一）黏附组与黏附词"的"

Chomsky & Halle（1968）曾指出，句法结构与音系结构（phonological structure）并非完全对应。如例（6a）的句法结构为例（6b），而其音系结构为例（6c），明显不同。

(6)　a. This is the cat that caught the rat that stole the cheese

　　b. This is [the cat that caught [the rat that stole [the cheese]]]

　　c. This is the cat # that caught the rat # that stole the cheese

（Chomsky & Halle，1968：372）

我们知道，句法操作实际上是一种短语结构规则，句法规则运用的范围是短语。那么，音系规则运用的范围又是什么呢？按照 Hayes（1989）的观点，是黏附组（clitic group）。其定义如下（Hayes，1989：208）：

（7）黏附组的形成

a. 每一个实词（content word / lexical category）属于一个独立黏附组；

b. 定义：黏附组的核心（host）为其所含的实词；

c. 定义：倘若 C 统制（dominate）X 与 Y，则 X 与 Y 在 C 中共享范畴成员（category membership）；

d. 规则：黏附词（clitic word）左向或右向并入一毗邻的黏附组，所选择并入黏附组的核心与该黏附词共享范畴成员数目较多。①

可见，黏附组的形成跟词性（实词还是虚词）以及黏附词有着很大关系。可是，对于黏附词，Hayes（1989）并没有给出确切的定义。考察以往文献发现，石毓智曾整合前人的观点，给出了比较全面的界定："黏附词是一种介于实词和形态标记之间的语言形式（Jeffers & Zwicky，1980）。它具有实词的性质，但是不能独立应用，必须依赖于一个语音寄主②（phonological host）才能出现（Spencer，1991：350）"（石毓智，2003：174）。

根据石先生这一定义，"的"完全可以视作黏附词。现代汉语中的"的"历史上是由指示代词"底"发展而来（石毓智、李讷，1998），现已不能独立应用；"的"自身的语音已经弱化，在日常言语中通常读作轻声，但就其句法表现来看，还没有完全虚化为形态标记。

假定以上观点正确，那么，"的"作为黏附词，该左向还是右向并入其毗邻的黏附组呢？根据王茂林（2005）、熊仲儒（2008），"的"必须左依附于其毗邻的黏附组。具体说来，"张三的书""张三喜欢的书""漂亮的书"

---

① 汉语黏附词的依附特点有所不同。为此，熊仲儒对黏附组的定义做了修订，详见熊仲儒（2008：527）。本书中亦有修订（见第三章第一节），但此处用 Hayes 的经典定义即可。

② 此处石毓智先生的原文是"语音重音"，根据石先生所提供的英文，我们认为，翻译成"语音寄主"更为合适。

中的"张三""喜欢""漂亮"都分别成黏附组，而"的"作为一个黏附成分，分别依附于它们之上。如下（熊仲儒，2008：529）：

> （8）　a.　[₍c₎张三的] 书
>
> 　　　　b.　张三 [₍c₎喜欢的] 书
>
> 　　　　c.　[₍c₎漂亮的] 书

（二）"的"在汉语韵律语法中的作用

由于"的"的依附特点，它的出现会对韵律节奏带来一定的影响。因此，在构建汉语节律的过程中常常起到重要作用。再看下面的例子：

> （9）　a.　漂亮女孩
>
> 　　　　b.　* 漂亮可爱女孩
>
> 　　　　c.　漂亮可爱的女孩
>
> 　　　　d.　很可爱 *（的）女孩

例（9a）与例（9b）形成鲜明的对比，这和汉语的韵律节奏有关。根据冯胜利先生的研究，"四字串必须分为 [2 # 2] 格式"（冯胜利，2000：93)，也就是说，"漂亮女孩"的自然读法是 [漂亮 # 女孩]，这符合句法短语结构，适合大脑的语音处理和语义加工。然而，"漂亮可爱女孩"却有所不同，因为六字串的自然读法是"[2 # 2／2]"（冯胜利，2000：95），即 [漂亮 # 可爱／女孩] ——前两个音节成一个音步，后四个音节组成两个音步，但结合得比较紧。这显然会造成理解上的出入，所传达给听者的是，"可爱"应该与"女孩"为一体，"漂亮"修饰的不是"女孩"，而是"可爱女孩"，与本意明显有了偏差，造成语音处理和语义加工的困难，因此受到排斥。为恰当传达意义，汉语言使用者通常在"漂亮可爱"与"女孩"之间插入①黏附词"的"，即利用"的"的左向黏附作用，将"女孩"单独切分成一个黏附组，以利于语音的处理和语义的加工。如此一来，其音系结构及节律音步分别如例（10）、例（11）所示：

    （10）［$_c$漂亮］［$_c$可爱的］［$_c$女孩］

    （11）［漂亮／可爱的＃女孩］

  同理，例（9d）要忠实地传达原意，最好的做法就是利用"的"的黏附作用将其切分成两个黏附组"很可爱的"与"女孩"。

  有了上面的讨论，例（12）中的现象就可以得到解释。

    （12）a. ＊青青草
          b. 青青的草
          c. 青青三叶草

  例（12a）之所以被排除，是因为"青青草"之间没有停顿,② 给人的感觉是一个词，传达给听者的是一种叫"青青草"的植物名称。而事实并非如此。例（12a）实际上是一个短语，其中"青青"是"草"的修饰语，两者之间需要停顿。而"的"恰恰有助于达成这一效果，是以有了例（12b），其音系结构可表示如下：

---

① 我们这里使用"插入"（insert）一词，是因为这个"的"并不是基础生成的，而是在韵律作用下插入的。至于什么样的"的"是基础生成的，什么样的"的"是韵律作用的结果，后面会有分析。

② 根据冯胜利先生（2000：93）的观点，"三个音节是一个（而非两个）韵律单位……是一个独立的音步"。

（13）

```
           Φ
         /   \
        C      C
        |      |
        ω      ω
        |      |
     青青的①   草
```

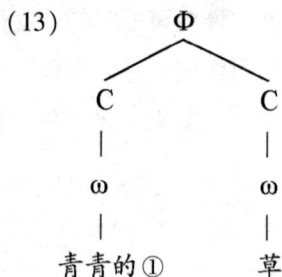

有意思的是，"青青三叶草"中并不需要"的"，为什么呢？根据冯胜利先生（2000：95），"五字串只能组成［2 # 3］格式……"，也就是说，"青青三叶草"的自然读法就是［青青 # 三叶草］，其停顿与句法结构匹配，完全没有必要再利用"的"切分黏附组。这里就涉及语言的另一条原则——经济原则（Economy Principle）。

（三）经济原则

经济原则本是 Martinet（1962）为解释语音变化原因而提出的一种假说，即在保证语言完成交际功能的前提下，人们总是自觉或不自觉地对言语活动中力量的消耗做出合乎经济要求的安排，即用比较少的、省力的、已经熟悉了的或比较习惯的、或具有较大普遍性的语言单位。概括说来，就是力求用最小的努力去达到最大的交际效果。Chomsky（1995：130-3；161；168）将经济原则引入句法推导后，对经济原则做了详细的论述，他指出，经济原则是语言设计的根本原则，即推导中没有多余的步骤，表征中也没有多余的符号。

借助于经济原则许多现象都可以得到解释，但在使用这一原则之时，必须兼顾韵律因素的制约，这样方不至于顾此失彼，从而解释更多的现象。请看例（14~17）：

---

① 我们这里把"青青"与"的"处理成了一个韵律词与韵律词的概念并不相悖。冯先生（1997：23）甚至还指出，"如果把'功能词'（functional word）的'的''在……上''了''吧'等也考虑进来，那么就可能出现大于三音节的音步……"

（14）我（＊的）爸

（15）我（的）爸爸

（16）小张＊（的）老师

（17）小张他（的）老师

为什么"我爸""我爸爸""我的爸爸"能说，而"我的爸"却通常不能说？为什么"小张老师"不等于"小张的老师"？

在回答这些问题之前，我们先来看两个先决条件。

1. 语言中有些词（如汉语的"爸爸""老师"等）有双重作用，既可以充当普通名词，同时还可以用作称谓语（主要包括亲属称谓和上下属称谓）。这就导致了"黄晶晶的同学"与"黄晶晶同学"能分别传达不同的语义（这一点与纯粹的普通名词很不相同："黄晶晶的书"可以表达领属义，而"＊黄晶晶书"则完全不能被接受）。

2. 这类词和人称代词以及专有名词的组合特点也各不相同。根据观察，人称代词、专有名词与称谓语的组合情况大致可分两种：

一是"专有名词+的+称谓"，表领属，如"黄晶晶的同学""小张的老师"；"专有名词+称谓"，表复指，如"黄晶晶同学""小张老师"；

二是"代词+的+称谓"，表领属，如"我的爸爸""他的老师"；"代词+称谓"，仍然表领属，如"我爸爸""他老师"。如要表复指，其语序是"称谓+代词"，如"爸爸您""老师他"。

有了这些，例（14～17）基本上都可以得到解释：例（14）、（15）、（17）中的"的"之所以能够隐去，完全是经济原则使然——隐去"的"更经济。例（16）中的"的"则不能隐去，因为这样做完全违反了组合规则，造成了语义上的较大差异。

然而，令人费解的是，同样是"代词+称谓"现象，"我爸"和"我爸爸"在汉语中完全能够为人们所接受，而一旦出现"的"，两者的可接受性就变得完全不同："我的爸爸"仍然可以接受，而"我的爸"则遭遇强烈的反语感。这该如何解释呢？

实际上，这是韵律作用的结果。要知道，"我爸""我爸爸"都可以视作一个韵律词，而一旦有"的"存在，情况就有所不同："我的爸爸"从原来的一个韵律词变成两个韵律词，如例（18）所示：

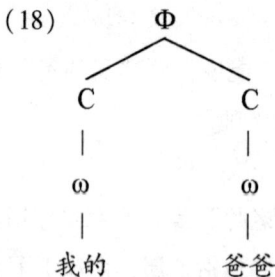

（18）

```
              Φ
            ╱   ╲
          C       C
          |       |
          ω       ω
          |       |
         我的     爸爸
```

这里的"的"虽无语义作用，但有韵律作用，且能加强语气。而"我的爸"中的"的"既不能起到语义作用，亦不能起到韵律作用——"爸"是单个音节，不成音步，① "我的爸"并无法被分成两个韵律词。有人可能会说，不是可以用很多韵律手段来满足韵律的要求吗？的确，为满足韵律要求，可使用的手段有很多，单是冯胜利先生（1996：164-165）所列出的就有重叠、延长、感叹、凑补、复合等。各种手段之中，最适合此处的便是重叠（reduplication）。② 然而，一旦选择重叠，其最终形式岂不还是"我的爸爸"？③

---

① 冯胜利先生（1996）指出，双音节是汉语最小的、最基本的标准音步，单音节如果成音步则为"蜕化音步"。"蜕化音步"的出现是有条件的——一般只能出现在以单音节词为"独立语段"的环境中，且需要通过"停顿"或"拉长该音节的元音"等手段去满足一个音步。

② 应当承认，"重叠"要比"插入"来得经济，毕竟"插入"被 Chomsky 认为是"无奈之举"（last resort）。

③ 需要指出的是，虽然"我的爸"不能说，"我的家"却是可以说。这里应该使用了"延长"的手段来满足韵律要求。此外，实际语言使用中，"我家"比"我的家"更容易接受，也跟韵律因素不无关系。

二、"的"的隐现规则

通过上一节的讨论可以看出，"的"的插入操作并不是随意的，而要受到韵律和经济原则的制约。要对"的"的隐现做出解释，这是一个必须要考虑的重要因素。除此之外，还要考虑句法方面的因素。本节将先对"的"进行重新分类，之后再给出"的"的隐现规则。

（一）以往对"的"的分类研究

以往的研究，大都把"的"三分或两分，其基本方法是比较不带"的"的语法单位 x（即语素、词或词组）与加上"的"之后的格式"x 的"在语法功能上的差别，由此分离出"的"的性质。各种分类中，最有影响的当属朱德熙先生（1961）的"三分法"。根据朱先生的考察，现代汉语中的"的"可以分为三类：

1. 副词性语法单位的后附成分，记作"的$_1$"，如忽然的、简直的、渐渐的；

2. 形容词性语法单位的后附成分，记作"的$_2$"，如瘦瘦的、甜甜的、胖胖的；

3. 名词性语法单位的后附成分，记作"的$_3$"，如白的、吃的、昨天的。

除此之外，在学界较有影响的还有黄国营先生（1982）的两分法，即：

1. 能够使"的"前的词或短语的词性发生根本改变的，记作 D_1，例如：你—你的，吃—吃的，红—红的。

2. 不能够使"的"前的词或短语的词性发生根本改变的，记作 D_2，例如：渐渐习惯—渐渐的习惯，洗得干干净净—洗得干干净净的，大白天—大白天的。

应该说，无论是三分还是两分，都是当时语言理论不断发展和语言研究不断深化的结果。将"的"进行分类，有利于对"的"展开深入讨论，细化"的"的研究，在一定程度上满足了当时语法研究的需要。然而，最近二三十年来，特别是随着语言研究的重心开始从描写语法转向解释，以往对"的"的分类暴露出了一些问题。

一方面，以往的分类无法用来解释许多语言现象，如学者们长期以来一直在争论的"的"的隐现问题、"这本书的出版"中的"的"的定性问题，无论是朱先生的三分法还是黄先生的两分方案都无法做出令人满意的解释。另一方面，以往的分类已经远远不能满足于当前研究的需要，如许多重要的"的"无法归入已有的分类，是以学者们又先后提出了语气词"的"（朱德熙，1978），如"我昨天来的"；以及"的$_4$""的$_5$"……（朱德熙，1993；司富珍，2002：附注①）。

或许正是因为上述诸问题，20 世纪 80 年代后，许多学者开始对"的"再次进行思考，并不断地从各种视角提出新的主张，其中，比较有影响的就有：①"的"为标句语（C^0 or complementizer）（司富珍，2002））；②"的"是一个独立功能投射的中心语（DeP）（Ning，1995，1996）；③"的"为 DP 的中心语（Simpson，2001，2002）；此外，最近还有人提出"的"是量词的观点（Cheng & Sybesma，2009）。这些观点在语法界引起了一定的反响，有人赞成（如吴刚，2000；司富珍，2002，2004；陆俭明，2003；熊仲儒，2005；张念武，2006；何元建、王玲玲，2007），① 也有人反对（如周国光，2005，2006；杨永忠，2008 等）。然而，对"的"重新分类的必要性已经提上了日程。

（二）本研究对"的"的分类

借鉴以往的经验（朱德熙，1961；黄国营，1982），我们的分类依据是比较带"的"的语法单位"X 的 Y"（"X 的"后面再论述）与删去"的"之后的"XY"是否在语法、语义上有所差别，以此判定"的"的性质。

比较例（19~26）中的 a 与 b：

　　（19）a. 张三的同学　　　　　　b. 张三同学

---

① 赞成把"的"视作中心语的学者，又有两种观点存在，一个直接把"的"看作是 DP 的中心语，如陆俭明（2003a、b），熊仲儒（2005），何元建、王玲玲（2007）；另一个则为"的"另立门派，以 DeP 标记，如吴刚（2000）、司富珍（2004）、张念武（2006）等。

(20) a. 柠檬的酸　　　　　　b. 柠檬酸

(21) a. 修理卡车的司机　　　　b. 修理卡车司机

(22) a. 吃的东西　　　　　　　b. 吃东西

(23) a. 甜甜的笑脸　　　　　　b. 甜甜笑脸

(24) a. 便宜的东西　　　　　　b. 便宜东西

(25) a. 容易的事　　　　　　　b. 容易事

(26) a. 忽然的跑来　　　　　　b. 忽然跑来

很显然，例（19~22）中的"X 的 Y"一旦删去"的"之后，在语法、语义上出现了较大的差异；而例（23~26）中的"X 的 Y"删去"的"之后，在语法、语义上几乎没有差异（如因韵律因素导致其接受度减低，也是允许的）。鉴于此，我们把"的"初步分为两类：语法性的"的"和韵律性的"的"（Zhuang，2012；庄会彬、刘振前，2012）。前者在生成语法界又被看作是充当 DP 中心语的"的"（陆俭明，2003；熊仲儒，2005；何元建、王玲玲，2007），记作"的$_s$"；我们可以将其再进一步分为表领属的"的"（"的$_B$"），如例（19），和充当标句语的"的"（"的$_C$"），如例（21）。后者即为我们所关注的对象——"的$_P$"。

（三）"的"的隐现规律

考察以往的研究，不难看出，"的$_s$"是通过句法派生的。而"的$_P$"，如前所述，则是为了满足韵律需要而插入的。也就是说，它不参与句法运算过程。这种差异决定了两者隐现特点的不同。初步看来，"的"的隐现规律表述为以下三条。

第一，充当标句语的"的$_C$"必须出现。

这一点是不容异议的。无论何时，标句语"的"一旦删去，都会导致句子的不合法。如：

(27) 他昨天吃的面包是长霉的。→*他昨天吃面包是长霉的。

(28) 李阿姨（的）在英国留学的漂亮（的）女儿。→*李阿姨

（的）在英国留学漂亮（的）女儿。

但如果一个句子中前后有多个"的s"同时出现，也允许共用一个（即其他的"的"隐去，经济原则），如：

（29）李阿姨在英国留学的、戴眼镜的女儿。
（30）李阿姨在英国留学、戴着眼镜、整天往家打电话的女儿。

第二，表领属的"的B"出现与否受经济原则和韵律因素制约。

这一点前面已经讨论过，如例（14~17）。需要强调的是，很多时候，使用经济原则必须同时兼顾韵律因素。如没有韵律因素的制约，例（14）中"我的爸"就应该可以说了。除此之外，韵律还在下列现象中发挥着重要作用，如：

（31）我认识王五（的）两个女儿。

以往的研究发现，数量词具有左向依附的特点（Chao，1968；Shih，1986；熊仲儒，2008）。也就是说，例（31）中的"两个"有可能依附于"王五"。这一点"五"的变调即是佐证。在较快的语速中，"五"会因为后面的"两"而由上声变成阳平。作为一种韵律现象，按常理，上声连读变调应该只会发生在韵律短语内部，而不会跨韵律短语发生。因此，"王五"与"两个"显然处于一个黏附组中。为了避免这一现象的发生，"王五"和"两个"之间的"的"必须出现。然而，如果"两"自身成为焦点，就另当别论了，因为此时"两个"可以独立成为黏附组，不再向"王五"依附，"的"完全可以隐去。

第三，韵律性的"的P"出现与否则由韵律决定。

这一点前面也讨论过，例如例（9）、（12），这里再加以补充。

例（9d）表明，出于韵律需要，"﹡很可爱女孩"中需插入"的"方能

成立,"*不大高女孩"亦是如此:

（32）不大高*（的）女孩

如果"不大高""很可爱"一起来修饰"女孩",则可以共用一个"的",如:
（33）a. 那个不大高的、很可爱的女孩
　　　b. 那个不大高、很可爱的女孩

这与上面多个"的$_s$"共用的现象颇为相似。然而,有意思的是,韵律性的"的"对共用"的"的成员有着严格的韵律要求,即各个成员的音节数必须相同,不能参差不齐,如:

（34）a. *很漂亮、可爱的女孩
　　　b. *不大高、可爱的女孩
　　　c. *漂亮、很可爱的女孩
　　　d. *胖胖、很漂亮的女孩
　　　e. 不漂亮、很可爱的女孩
　　　f. 胖乎乎、很可爱的女孩

共用"的"的现象只限于同一类的"的",或者都为语法性的"的",或者都为韵律性的"的"。如果两个"的"不同类,则不能共用,如:

（35）a. 李阿姨在英国留学*（的）很可爱的女儿①
　　　b. 李阿姨在英国留学的很可爱*（的）女儿
　　　c. 李阿姨*（的）很可爱的女儿

————————

① 需要指出的是,这里用的是"很可爱",而不是"可爱"。这是因为如果用"可爱"韵律并不要求"的"字出现,例（35b）就变得可以接受了。

　　　　　d. 李阿姨的很可爱＊（的）女儿

另外，多个"的"连续出现时也会出现合并（共用）的现象。如：

　　（36）a. ＊嘴唇热热的₂的₃感觉。
　　　　　b. 嘴唇热热的感觉。　　　（司富珍，2004：31）

按照司富珍先生（2004）的解释，该合并操作不是发生在句法层面，而是发生在音系层面。当句法层面的操作结束，操作程序进入到音系层面后，还会有一些纯音系的操作发生。由于自然语言的各种操作都要遵循经济性的原则，又由于上面这个例子里的"的₂""的₃"语音形式相同，而且出现在相邻的位置，所以会发生纯音系的合并操作。我们发现，这恰恰给我们对"的"的分类提供了证据。例（36）中"的₂""的₃"的成功合并恰恰表明它们是同一类的。

　　接下来的问题是：多个修饰成分共同修饰一个中心语时，如果要插入"的ₚ"，"的"该出现在哪里呢？这分两种情况。

　　首先，如果存在韵律词（包括句法词）①，尽量保持韵律词的完整性，如：

　　（37）a. 大的白盘子
　　　　　b. 白色的大盘子

　　其次，如果没有韵律词（包括句法词）干扰，则出现在最后一个修饰成分与中心语之间（即上面所讨论的共用"的"的现象），如：

　　（38）a. 高高大大的男生

――――――――――

　　① 根据冯胜利先生（2001、2005：8-9），"句法词"为句法运作的产物，但结果是词，因此既有短语的性质，又兼词汇的特征。

    b. 高大英俊帅气的男孩

    c. 漂亮可爱的女孩

    d. 高山上稀薄的空气

    e. 你那个不大高、挺可爱的女朋友哪里去了?

另外,伪定语中的"的"也是由韵律作用的结果(庄会彬、刘振前2012),限于篇幅,不再赘述。

第三节 独立"的"字结构中的"的"

有关"的"字结构,除了上面的"X 的 Y"之外,还有一种现象值得注意,即在特定的语境中,人们出于特定的目的,常常使用"X 的"结构,① 如:

(39) 顾客:来两瓶啤酒。

    服务员:冰镇的还是常温的?

例(39)中服务员要说的其实是"冰镇的啤酒"还是"常温的啤酒",但这里"啤酒"没有出现。对于这一"X 的"结构的形成,学界有两种观点存在:一是省略说,主张独立"的"字结构原本是定中结构,其中心语因某

---

① "X 的"结构,除了本章所讨论的这一类,其实还有一类,即为朱德熙(1978)所提到的语气词"的",如"我昨天来的"。和其他的"的"比起来,这类"的"较为特殊,通常以"(是)……的"结构的形式出现(详细讨论见第六章)。张伯江(2005)将其称为传信标记,认为是外加在整个句子之上的。从这一点上看,它不是"的ₚ"。但也不能将其看作是"的ₛ",因为它不能与"的ₛ"合并。如:
    a. 你是完全可以选别的的
    b. *你是完全可以选别的
    鉴于这类"的"没有隐现的特点,本章不予讨论。

种原因被省略了，剩下的定语便以偏代正，承接了整个名词性短语的作用与意义（黎锦熙，1924；季永兴，1965；孔令达，1992；张静，1994）。另一种是本质说，主张有些"的"字结构是名词性的，完全可以独立发挥作用（朱德熙 1961，1962，1978，1983；黄国营，1982；刘月华等，2001；邵敬敏，2007）。

我们来看例（40）：

（40）宋宇生："呵呵，无酒不成席！我们喝点什么？白的还是啤的？"

（《幸福来敲门》第五章）

单凭这一个例子，就能在很大程度上否定省略说。众所周知，"啤酒"是一个外来词，采用的是"音译加类名"的译法，而绝不是由"啤的酒"缩合而成的。既然"啤"和"酒"之间根本就不存在一个"的"字，那么，例（40）中的"的"又如何省略得出来？省略说显然无法解释这一问题。本质说或许能对这一问题做出解释，但同时也暴露出了其内在的缺陷：一旦我们承认例（40）中的"的"是名词性的，就无法否认例（41）中的"的"也是名词性的。

（41）丫头你要听好了：嫁的那个人不一定要是高高瘦瘦的，但是一定要干干净净的。

然而，按照朱德熙先生（1961）的看法，例（41）中的"的"应该是形容词性的（即"的$_2$"）。明显出现了矛盾。

为解决这一问题，石定栩（2009：90）提出，"独立'的'字结构，实际上仍然是定中结构或同位结构，只不过'的'后成分是个无定代词短语，而且是零形式的。"这一观点我们基本接受，但同时认为，独立"的"字结构中的"的"本身就是这个无定代词（记作"的$_D$"）。之所以会得出这样的看法，我们有三方面的理由。

第一，"的"的历史来源证据。按照朱德熙先生（1966）的论证，形容词性、副词性"的"字结构中的"的"历史上来自"地"；而名词性"的"字结构的"的"历史上来自"底"。也就是说，"的_D"历史上来自"底"。如果这一观点成立，那么，"的_D"无疑就应该看作是一个代词，因为：①根据石毓智、李讷（1998）的研究，从三世纪到九世纪，"底"是一个指示代词，相当于现代汉语的"这"，只用作名词的定语，即"底"和中心名词一起出现；②而根据吕叔湘（1943）、冯春田（1990）的观点，"底"历史上来自"者"，而"者"在本质上是一个指示代词；③如果根据梅祖麟先生（1988）的观点，"底"来源于"之"，词尾的"的"则应该是来自"之者"。① 以上几种看法都表明，"底"来源于指示代词。②

第二，汉语语言事实方面的证据。例如：

（42）顾客：服务员，啤酒！

　　　服务员：几瓶？

　　　顾客：两瓶，青岛的。

很显然，这里"青岛的"指代的是"青岛啤酒"，然而"青岛啤酒"并不等同于"青岛的啤酒"。因此，对于石定栩（2009：90）的论断"独立'的'字结构与不独立的具有相同的语法地位，都是修饰名词性成分的定语，或是名词性短语的同位语"，我们并不赞同，而认为"的_D"另有来源。考虑到"的"的历史由来，完全可以认为"青岛的"中的"的"是一个代词，代替了"啤酒"。

---

① 梅先生给出了很多例子，我们转引两例如下：

　　a. 其中有得一道二道三道之者。（北魏慧觉等译贤愚经，大正藏，IV，398下）

　　b. 在此国之人，更无剃头之者。（降魔变，380）

② "的"的指代用法在现代汉语方言中还有所保留。根据周小兵（1997），广州话的"的"（音［ti˥］）也是一个指代词，如下：

　　a. 唔该，的茶好香喎。（谢谢，这茶好香啊！）

　　b. 的景色好靓。（这景色很美。）

第三，跨语言方面的证据。朱德熙先生（1966）曾敏锐地指出："英语里'形容词+one'的格式跟汉语'A 的'所表示的意思是一样的。Red ones 就是'红的'。离开了一定的语言环境和上下文，光说 a red one，也无法知道指的是什么东西。可是 a red one 的的确确是一个什么也没有省略的完整的语言格式。"可见，这里"的$_D$"与英语里的 one 类似，都是无定代词。

前面我们把"的"分为两类，语法性的"的$_S$"和韵律性的"的$_P$"，那么，"的$_D$"该属于哪一类？我们认为，应该属于前者，例证如下：

(43) a. ＊这是卖面的$_D$的$_S$车①
　　　b. 这是卖面的车

例（43）中的两个"的"能够成功合并，显然表明两个"的"应该同类，即都是"的$_S$"。

另外，这里必须还要强调一点：独立"的"字结构的形成并非完全自由，而要受到严格限制，特别是经济原则和韵律规则的制约。看下面几组例子：

(44) ——来两瓶酒。
　　　——哪一种？
　　　——啤＊（的）。
(45) ——我看一下新进的相机。
　　　——哪一款？
　　　——尼康（的）。
(46) ——我们来看一下新进的车。
　　　——哪一款？
　　　——帕萨特（＊的）。

---

① 这里指的是该句在普通话中不合法，有些方言中，实际上仍然可以见到双"的"连用的现象（参见张丽霞、步连增，2008）。

（47）——我想看一下新进的包

——哪一款？

——红色＊（的）。

（48）——我想看一下新进的包

——哪一款？

——粉红色＊（的）。

为什么会有这样的结果呢？单是看例（44～48），我们自然会想到这是韵律规则在作怪，例（44）中"啤"单字无法构成音步，因此"的"必须出现以便凑足音步。冯胜利先生（1996：165）曾指出，"凑足音步是调节句子（韵律）音系结构的一种重要手段"。例（45）和例（46）似乎也可以用韵律制约来解释：例（45）中"尼康"是两个音节，恰好成一个音步，"的"出现与否已不再重要。例（46）中的"帕萨特"是三个音节，本身已是超音步，"的"的加入则令其不堪重负，从而被排除。然而，令人不解的是同样的音节数，例（47）、（48）中的"的"却不能省略，与例（45）、（46）出现了明显的反差。可见这里不光是韵律的问题，还牵涉无定代词的应用和经济原则。要知道，"尼康""帕萨特"与其中心语之间的关系是一种同位性的修饰关系，而"红色""粉红色"与其中心语之间的关系是一种偏正修饰关系。前者完全可以省略中心语，以偏代正，而后者要做到这一点，必须添加无定代词"的"。所以说，例（46）中的"的"不能出现，而例（48）中的"的"必须出现，这完全是经济原则和韵律规则的双重作用使然。

第四节 "的"的隐现规则总结

由此，"的"的隐现规则可修正如下：

i. "的"分为两类：语法性的"的$_S$"和韵律性的"的$_P$"。前者又可以进一步再区分为表领属的"的_B"、充当标句语的"的_C"和独立"的"结构中的"的_D"。

  ii. 各类"的"的隐现规律如下：

   A. 充当标句语的"的_C"必须出现。

   B. 表领属的"的_B"与独立"的"结构中的"的_D"出现与否，受经济原则和韵律规则的制约。

   C. 韵律性的"的_P"出现与否由韵律决定。

  iii. 同类的"的"连续出现可以允许共用一个"的"。

  本章从韵律语法的角度，对"的"进行了考察，进而对"的"的隐现规律做了解释。我们认为，"的"作为一个黏附词，本身具有依附特点，对划分黏附组和韵律节奏起到决定性作用，因此在韵律语法中有着重要的意义。利用这一特点以及经济原则，我们尝试对"的"进行了分类，并对"的"的隐现规律进行了探究。我们首先讨论了黏附词"的"在构建汉语黏附组中所起的重要作用，同时还讨论了经济原则对"的"隐现的影响。为进一步探讨"的"的隐现规律，我们还对"的"进行了重新分类，利用经济原则和韵律规则，对各类"的"的隐现规律做出了解释。

  "的"作为黏附词，本身具有依附特点，对黏附组的划分和韵律节奏起决定性作用，因此在韵律语法中有着重要的意义。我们探讨"的"这一特点，提出了"的"重新分类的主张，进而对"的"的隐现规律进行了探究，结论如下：充当标句语的"的_C"必须出现；表领属的"的_B"与独立"的"结构中的"的_D"出现与否，受经济原则和韵律规则的制约；韵律性的"的_P"出现与否则由韵律决定。

  本研究的立足点与以往的研究有所不同。以往的研究通常默认中心语的修饰成分从词库中一提取出来便已是羽翼丰满了——凡是可以带"的"的中心语修饰成分都带有"的"，之后，经过一番同音删略，最终只保留一到两个"的"（一般不超过三个）。而我们的观点是，除了语法性的"的_S"之外（"的_S"是经过句法推导而成的），中心语的各种修饰成分从词库提取出来时并不带有"的ₚ","的ₚ"则是出于韵律需要在音系层面上插入的。另外，由于经济原则和韵律规则的共同作用，多项同类的"的"如果连续出现有可能共用一个；独立"的"字结构中的"的_D"也有可能会隐去。

有关"的"的隐现问题，以往的研究存在较大分歧，如陆丙甫先生（2003）认为多项定语"位置越是靠后，带'的'的可能性越大。"而张敏先生（1998：273）则认为，"越靠右，'的'隐去的可能性就越大；越靠左，'的'（或其他间隔成分）出现的可能性就越大。"我们赞同陆先生（2003）的观点，而认为张先生（1998）的观点有失偏颇。在我们看来，张先生的失误在于他没有把韵律因素纳入考虑范围，事实上，许多他认为隐去了"的"的现象都应该视作是韵律词（或句法词）以及复合词（包括合成复合词）。①韵律词作为一个韵律单位，是完全不容许黏附词"的"插入其内的。否则，它就不再是"词"，而是"语"了。正是出于同样的道理，复合词（包括合成复合词）内部也不允许"的"的插入。② 更何况，许多合成复合词内部词序特殊（如 OVN 型的复合词"纸张粉碎机"），这一语序实为韵律作用的结果（冯胜利，2004，2005；庄会彬、刘振前，2011），而不是"的"的隐现所能够解释的。

---

① 陆丙甫先生（2003）曾经指出了他与张敏结论完全相反的原因所在，即所考察的语料的范围不同。张文的材料包括了"红的这本书"跟"这本红（书）"这样的对比，而陆文的分析排除了"红书"这类一般认为是复合词的情况。这与我们的观点不谋而合。

② 如果"的"出现，就会造成非自然音步的停顿，从而破坏了这一音步节律，导致合成复合词等在韵律层面上崩溃。

第五章

"的"的性质再界定

第一节　"的"在界定短语时的重要意义

探究"的"的性质，还要考察它在"词""语"界限之间的重要作用。观察例（1~3）：

（1）白菜（一种蔬菜）、大雁（一种鸟）、红花（一种中药）、黄酒（一种酒）、红茶（一种茶）、小豆（一种豆类）、淡菜（一种贝肉）

（2）白布、大树、红纸、黄叶子、红玫瑰、大鹅

（3）白的布、大的树、红的纸、黄的叶子、红的玫瑰

在以往的研究（岑麒祥，1956；范继淹，1958；陆志韦等，1964；Chao，1968；吕叔湘，1979；Huang，1984；Tang，1990；Zhang，1992；Dai，1992；Duanmu，1997；陆烁、潘海华，2016；陆烁，2017），对于例（1）和（3）中各例的归属几乎不存在争议：例（1）属于词范畴，例（3）属于短语范畴。然而，例（2）中各例该如何归类却存在较大争议：如按照范继淹（1958）、汤志真（Tang，1990）、戴相陵（Dai，1992）、端木三（Duanmu，1997）、陆烁、潘海华（2016）、陆烁（2017）的观点，这些例子都应该视作

词，而根据岑麒祥（1956）、陆志韦等（1964）、赵元任（Chao，1968）、黄正德（Huang，1984）、张洪明（Zhang，1992）等，这其中只有部分可以视作词，其他的则为短语。①

事实上，较早注意到这类词的是吕叔湘（1979：23）。他指出：

> 有人说，"大树"可以换成"大的树"，"大车"不能换成"大的车"，这是语法上的分别。不对，这仍然是"大车"的词汇意义所加的限制。并且"大树"和"大的树"也不是一回事，在语法上是很有分别的。把"大的树"和"大树"等同起来，好像有没有一个"的"字没有什么关系，这就小看了这个"的"字了。"的"字虽小，它的作用可不小。没有"的"字，前边的形容词和后边的名词都不能随便扩展，有"的"字就行了，例如"挺大的一棵百年老树"（"大树"至多能换成"大松树"，"大柳树"）。可见有"的"和没有"的"是很不相同的两种结构，即使都叫作短语，也应该有所区别。

很显然，这里面"的"的作用不容小觑。就像"大树"，不管它之前归于什么范畴，加入"的"以后它毋庸置疑地只能归入短语。②

事实上，赵元任（Chao，1968：Ch.6）在此之前已经发现，"的"是辨别复合词和形名短语（即像"大树"这样的结构）的重要手段。

> 组合中只要有一个是黏着成分，"结果当然是复合词"，如"国际

---

① 有关以往研究的详细讨论可见端木三先生的综述（Duanmu，1997）。限于篇幅，这里不再赘述。

② 对于"大树"这样的表达，学界对其称呼各有不同，如冯胜利（2000，2001b，2001c）将其称为"句法词"，石定栩（2002）将其归为复合词，王洪君（2000）则将其称为"类词短语"。当然，即使把"大树"这类的结构归入短语，那么"大的树"仍有所不同，如吕叔湘（1979：25）就曾指出，前者"它的地位介于词和短语之间。如果把它算在短语里边，可以叫作'基本短语'，而把前边那一种（即加进去'的''地''得'的短语）叫作'扩展了的短语'……"

法、保险箱"。如果两部分都是自由成分而中心词为轻声，也是复合词（合成词），如"大人、元宝胡同"。而由自由成分组成而没有轻声的，又分为两类。一类是"抽纸、汤勺儿、保险公司"，不管意义有没有专门化，"一概认为是复合词"；另一类是"好书、酸苹果"，赵先生认为"显然是形名短语"。

完权（2014）提出从偏正关系的词到短语之间存在如下整合度由高到低的连续统一体：

　　　复合名词连续统：
　　　整合度高：词汇化复合词（合成词）　　　大车
　　　　　　语境自由复合词：固定　　　　　侦察小组
　　　　　　　　　　　　　　松散　　　　　漂亮姑娘
　　　　　　语境依赖复合词：入句　　　　　领导手
　　　　　　　　　　　　　　特设　　　　　以往沉寂
　　　整合度低：短语（必须使用"的"）红红的太阳

可问题是，为什么有了"的"以后，就会如此不同？对于这一点，测试手段很多，我们这里采用汤志真（Tang，1990）、戴相陵（Dai，1992）、冯胜利（2001）的方法，即认为例（2）中各例作为由形容词性成分①加名词性成分组合，如果它们是短语，其中的形容词性成分就应当可以受到副词"很""非常""更""最"等的修饰，如下所示：

　　　（4）a. 很白的布、很大的树、很红的纸、很黄的叶子、很红的玫瑰
　　　　　　b. 非常白的布、非常大的树、非常红的纸、非常黄的叶子、非

---

① 更确切地说，应该是"区别词"，详见朱德熙（1982）。

常红的玫瑰

c. 更白的布、更大的树、更红的纸、更黄的叶子、更红的玫瑰

d. 最白的布、最大的树、最红的纸、最黄的叶子、最红的玫瑰

英文亦是如此，如：

(5) very white cloth, a very big tree, very red paper, a very yellow leaf, a very red rose

然而，例（2）中各例却无法被"很""非常""更""最"等修饰，如下:①

(6) a. *很白布、*很大树、*很红纸、*很黄叶子、*很红玫瑰、*很大鹅

b. *非常白布、*非常大树、*非常红纸、*非常黄叶子、*非常红玫瑰、*非常大鹅

c. *更白布、*更大树、*更红纸、*更黄叶子、*更红玫瑰、*更大鹅

d. *最白布、*最大树、*最红纸、*最黄叶子、*最红玫瑰、*最大鹅

对于其中的原因，以往的研究也曾尝试做出一些解释。如汤志真（Tang，1990）还明确提出，汉语 AN 组合是复合词而不是名词短语。她比较了下面这组例句：

(7) 那一个大饼　　　　　那一个大的饼

---

① 星号表示一词或结构非法或无法为人们所接受。

　　＊那一个很大饼　　　　那一个很大的饼

　　＊大那一个饼　　　　　大的那一个饼

　　由此她得出结论："大饼"是复合词，所以"大"不可以被程度副词修饰，也不可变换位置；而其中的"大的"则不受这样的限制。戴相陵（Dai，1992）也认为其中的形容词和名词紧密地结合成为词，以致无法受到"很""更""最"等修饰。端木三（Duanmu，1997）同样认为形容词和名词结合而成的［AN］是复合词，而副词与形容词结合后形成的是一个短语，复合词中不允许短语存在。

　　也就是说，"的"的出现，能够（强制性地）把一个像例（2）这样的形名组合变成一个短语。至于例（2）这样的形名组合，我们且采用冯胜利（2001a，2001b）的命名，称之为"句法词"，并采用冯胜利（2000，2001a，2001b，2001c，2002）的处理方案①，将其以一个抽象形式表示如下：②

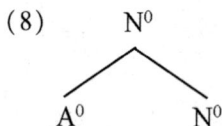

（8）　　　　　N^0

　　　　　A^0　　　N^0

　　从图上可以看出，A^0与N^0结合的结果仍是一个N^0，这就意味着A^0的并入不会从根本上改变N^0的性质，同时也意味着，如果N^0作为一个名词，A^0附接于其上后，它仍然是一个名词（而没有因为A^0的附接变成一个短语）。这就解释了为什么例（2）中各例（至少在句法上的表现）仍旧为词。

---

①　几乎与冯胜利同一时间，石定栩（2002）也提出了类似的"句法词"思想，并做了深入的讨论（后面会有详细介绍）。但遗憾的是，石定栩并未以"句法词"称之，而是将其归入了"复合词"。

②　这里需要指出的是，句法词不止有［A+N］一类结构，而应该还包括其他结构。事实上，以往的研究（如冯胜利，2000，2001a，2001b，2001c，2002，2013等）还谈及"打倒"、"气哭"、"负责"、（"讲学中南海"中的）"讲学"、（"收徒山神庙"中的）"收徒"等。囿于行文，此不赘述。

有了句法词概念，我们就可以接下来讨论"的"的问题：为什么一个句法词，譬如"白布"，插入"的"字后就失去了其"词"的地位，摇身变成了短语？"的"到底有什么特质，能让句法词变成短语？直觉告诉我们，这应该与"的"的性质是无法截然分开的——"的"在句法和韵律上的特点决定了它与短语共生。

以往的研究虽然早已注意到有"的"没"的"存在较大差异（如朱德熙，1956/1999；范继淹，1958；吕叔湘，1979；Sproat & Shih，1991；Dai，1992 等）。但对"的"这一作用，还有必要进一步探究。

第二节　"的"在句法上的地位再界定

我们还是从"的"的分类说起。对"的"的分类研究，前面已经详细谈过，这里不妨再回顾一下。① 先是朱德熙（1961）区分了三类"的"：

1. 副词性语法单位的后附成分，记作"的$_1$"，如：忽然的、简直的、渐渐的；

2. 形容词性语法单位的后附成分，记作"的$_2$"，如：瘦瘦的、甜甜的、胖胖的；

3. 名词性语法单位的后附成分，记作"的$_3$"，如：白的、吃的、昨天的。

之后，有学者又提出汉语中存在表语气的"的"（记作"的$_E$"），例如：

（9）我昨天来的。

---

① 除朱德熙的三分法外，在学界较有影响的还有黄国营（1982）所倡导的两分法：一个"的"不改变其前置成分的语法性质，另一个"的"改变其前置成分的性质，前者相当于朱德熙（1961）的"的$_1$""的$_2$"，后者相当于朱德熙的"的$_3$"。

此外，司富珍（2004）还提出了充当标句语 C 的"的"，可记作"$的_c$"，如：①

　　（10）我喜欢的女孩。

很显然，能够变句法词为短语的"的"不会是"$的_E$"和"$的_c$"——因为前者是一个焦点标记（通常以"（是）……的"形式出现），后者在句法结构上所占据的位置是 CP 的中心语——而只能是"$的_1$""$的_2$""$的_3$"中的一个。然而，"$的_1$""$的_2$"却不能充当 DP 的中心语，这一点也不难理解，因为"$的_1$"或"$的_2$"所在的短语，在句法上通常都是附接语成分（第二章），重复如下：

　　（11）$[_{VP}\ [_{ADV}$悄悄的 $[_{VP}$说话$]\ ]\ ]$
　　（12）$[_{NP}\ [_{AP}$红红的 $[_{NP}$花$]\ ]\ ]$

由此可见，能够变句法词为短语的"的"只能是"$的_3$"。换言之，为什么一个句法词，如"白布"，一旦与"的"字结合，就失去了其"词"的地位，摇身变成了短语？

我们先看"白布"的句法结构。根据前面的讨论，其结构如下：

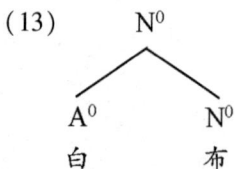

　　（13）　　　N^0
　　　　　　　╱　　╲
　　　　　A^0　　　N^0
　　　　　白　　　　布

当然，这一结构还可以置于 NP 短语结构下，如下所示：

---

① 标句语理论本书没有做介绍，感兴趣的读者可参阅付有龙、庄会彬（2009）。实际上，对这部分理论了解与否都不妨碍对这部分讨论的理解。

（14）
```
        NP
        │
        N'
        │
        N⁰
       ╱ ╲
     A⁰    N⁰
     白     布
```

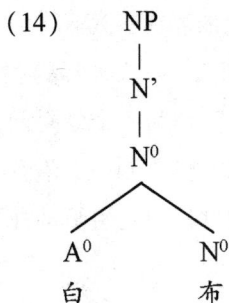

它是如何与"的"结合的呢？鉴于前面谈到"的"是一个 D 成分，我们认为，"白的布"实际上是一个短语——DP，其结构应该表示如例（15）所示①：

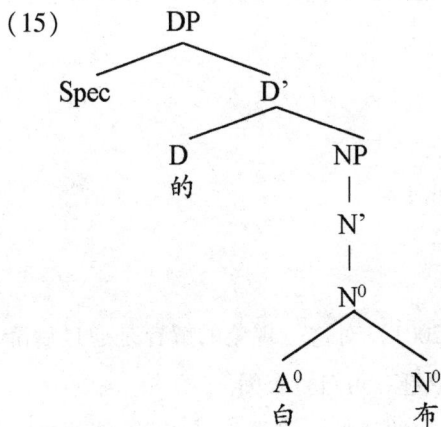

（15）
```
          DP
         ╱  ╲
      Spec    D'
             ╱  ╲
            D     NP
            的     │
                   N'
                   │
                   N⁰
                  ╱ ╲
                A⁰   N⁰
                白    布
```

显然，与句法词"白布"明显不同，"白的布"是一个 DP 短语，至少

---

① 对于"白的布"，冯胜利（2001b）还给出了另一种结构，读者可自行查阅。

不再是一个绝对的类指，而是在向定指游移①。既然"白的布"的句法地位与"白布"明显不同，也就无怪乎两者在句法上的表现迥然不同。

至于"的"是如何到了"白"的后面，则与"的"的黏附特点有关（熊仲儒，2008；庄会彬、刘振前，2012）："的"作为一个黏附词，在韵律上是有缺陷的，它无法独立拼出，而必须（左向）贴附到一个语音寄主上方能呈现，因此很可能是在句法结构向 PF 投射的过程中发生了某种移位，从而形成了"白的布"语序，如例（16）所示：

（16）［的［白布］］→（白的）（布）

无独有偶，在保加利亚语中也有类似的现象。保加利亚语的定冠词 ta 也表现出类似的黏附特征：当 DP 中的名词性成分没有修饰语时，ta 会附接到该名词性成分之上；如果有修饰语，则会附接到第一个形容词之上，如下：

（17）a. kniga-ta

　　　好-定冠词

　　　b. xubava-ta kniga

　　　好-定冠词 书

当然，Embick & Noyer（2001）对这一现象的解释是通过后降落（Late Lowering）完成的。读者如有兴趣，可自行查阅。

事实上，不仅"的₃"，其他的"的"也具有句法或韵律的黏附性，前者

---

① 注意："的"虽然是个 D 成分，但它只是表示有定性，而非像指示词"这""那"那样具有指称义。事实上，庄会彬（2014a）在对"的₃"定性时，为更恰当地处理"的"的地位，还引入了双层 DP 假说，即一个名词性成分中可能（至少）存在两层 DP，用以表达不同的语义内容：上层主要表达指称（referentiality）、指示语（deixis）或专指（specificity），下层表达限定（determination），包括有定（definiteness）、无定（indefiniteness）、部分（partitivity）等，其结构可以简单表示为（引自 Isac & Kirk，2008）：$[_{DP-ext} \ D_{ext} \ [_{DP-int} \ D_{int} \ [_{NP} \ N \ ] \ ] \ ]$。

如"张三曾在美国留学的女儿"中的"的$_c$"（详见司富珍，2002）[1]；后者则如韵律"的"（的$_P$）的"黏附组"构建作用（庄会彬、刘振前，2012）。

总而言之，"的$_3$"所在的结构实际上是一个短语——DP。其句法地位与句法词明显不同。因此也就无怪乎"白布"和"白的布"在句法上的表现迥然不同。

第三节　独立"的"字短语的结构

以上讨论，还算比较顺利。然而，继续考察汉语现象，却发现一系列的问题亟待回答，如独立"的"字结构如何处理？"的$_3$"与指代词同现的现象又该如何处理？

我们请看独立"的"字结构的例子：

　　（18）便宜的$_3$（东西）、容易的$_3$（事）、干净的$_3$（衣服）　　　（朱德熙，1999：120）

黎锦熙（1924：87-88）很早就注意到"的"的这种特殊用法：

　　形容语或形容句，大都是用"的"字介绍的；这种"的"字——以及介绍实体词作形容附加语之"的"字，乃至非介词而作形容词语尾之"的"字，全都有一种很特别的用法。这种用法，实因省略被形容的实体词而来。即如"来的人是谁？"，可以省略实体词"人"字而作"来的是谁？"；"打虎的武松来了"，可以省作"打虎的来了"。来的、打虎的，两个"的"字，大家相喻都是指一个人；于是这两个"的"字，便都成了"人"的代用品。现再举数例：

---

① 需要指出的是，司富珍（2002）认为该句是"张三"移位的结果。

（ㄅ）大街上有一个卖花"的"。（变式的主位名词的省略）

你看见了卖花"的"没有？（宾位名词的省略）

这就是那个卖花"的"底帽子。（领位名词的省略）

（ㄆ）这些都是从大街上买来"的"。（补位名词的省略）

（ㄇ）狠可担忧"的"，就是这些花都养不活。（正式的主位名词的省略）

以上诸例的名词都省略了；那些"的"字便都兼有"代名词"的作用：（ㄅ）例三句都代"人"；（ㄆ）例代"物"（即"花"）；（ㄇ）例代"事"。"的"字这样的用法，一方面替代实体词，一方面仍旧联接上面的形容附加语；所以一般文法学者多认这种"的"字为国语中的"联接代名词"。——在文言里，便另用一个"者"字，与介词或形尾的"之"字分职。口语中，虽间有用"者"字的新名词（如"劳动者""被选举者"），但寻常只用一个"的"字，以介词或形尾而"兼代"实体词之职务。

我们再来看朱德熙（1961）是如何处理独立"的"字结构的。前面已经提到过，朱德熙（1961）在把"的"分析为三个语素时，为了避免对性质的争论，把三个"的"统一称为"后附成分"，"的$_3$"是"名词性语法单位的后附成分"。如果按照以往的做法，认为充当 DP 中心语的"的"是一个属格标记，那么例（12）中的"的"可能会与 DP 分析无缘；但如果把"的$_3$"视作指代词，则 DP 分析仍旧应该适用。问题是，"便宜的$_3$""容易的$_3$""干净的$_3$"皆为名词短语，其结构该如何处理？对此，我们认为可以借鉴英语中"the+形容词"的处理方案。

"the+形容词"这一类结构为名物性成分，具有名词的部分属性，这已经得到了学界的认可（Crystal，2000），但如何为这类结构确定中心语的问题却让学者们大费周折。如 Quirk, et al.（1989）在讨论短语的形式与功能时，赞同"the+形容词"结构属于名词短语，但在陈述的时候，囿于传统中心语的概念，却又不得不承认此类名词短语的中心语是形容词：

在短语中，某些词类和某些成分之间有着密切的联系。例如，在名词短语中，中心词主要是名词。但是，形式和功能的类别之间很少有一对一的对应关系。名词短语的中心词也可以是一个代词或一个形容词：the poor、the unemployed 等。(Quirk，et al.，1989：83)

而采用 DP 结构来处理"the+形容词"结构就要明显优于 NP 结构，如例（19）所示（见詹宏伟，2003）：

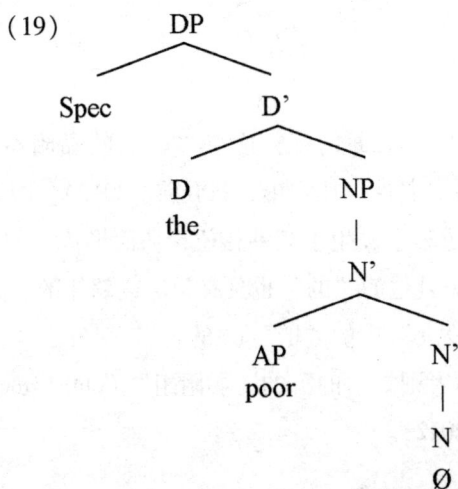

(19)
```
                    DP
              ┌──────┴──────┐
            Spec           D'
                      ┌─────┴─────┐
                      D          NP
                     the          │
                                  N'
                            ┌─────┴─────┐
                           AP          N'
                          poor          │
                                        N
                                        Ø
```

借鉴这一做法，例（18）便可以做如下处理：

(20)

```
                    DP
              ┌──────┴──────┐
            Spec            D'
                        ┌────┴────┐
                        D         NP
                        的         │
                                  N'
                            ┌──────┴──────┐
                           AP             N'
                           容易            │
                                          N
                                          Ø
```

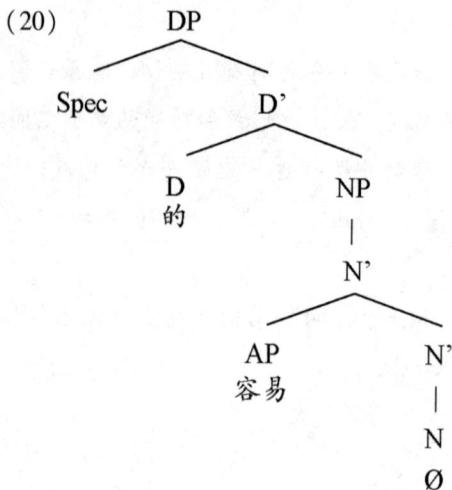

　　"的"是如何到了"容易"后面的呢？这与"的"的黏附特点有关。"的"是一个黏附成分，具有黏着性（庄会彬、刘振前，2012），因此，它很可能在S-结构向PF投射的过程中发生了某种移位，从而形成了"容易的"语序。事实上，不仅"的₃"，其他的"的"也具有句法或韵律的黏附性，前者如"张三曾在美国留学的女儿"中的"的"（"的c"）引发了"张三"移位（详见司富珍，2002）；后者则如"的"的"黏附组"（clitic group）构建作用（见庄会彬、刘振前，2012）。

第四节　　"的"在韵律中的地位再界定

　　事实上，"白布"与"白的布"之间的差异，不只可以从句法的角度解释，从韵律的角度同样也可以得到解释。

　　庄会彬、刘振前（2012）曾从韵律语法的角度对"的"做出了解释：即"的"是一个（左向的）黏附成分，它本身在韵律上不能独立，而必须依附于毗邻的黏附组上。正是由于这一特点，"的"的出现可能会打破一个词或词组原有的音系结构，而导致多个黏附组的出现。

掌握了"的"的这一特点，我们就可以利用它来解释为什么句法词"白布"中一旦插入了"的"就失去了其句法词身份，而变成了短语。

具体说来，从韵律语法的角度来看，"白布"自成一个韵律词，并且它在（韵律）音系结构上的地位如下（Φ 表示韵律短语，C 表示黏附组，ω 表示韵律词）：

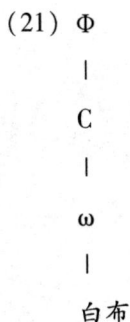

(21)　Φ
　　　　|
　　　　C
　　　　|
　　　　ω
　　　　|
　　　　白布

然而，"白布"中间一旦插入"的"，变成了"白的布"之后，由于"的"在韵律上切分黏附组的特征，"白的布"在音系结构上的地位就会变得如例（22）所示：

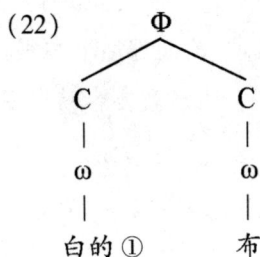

(22)　　　　Φ
　　　　　╱　╲
　　　　C　　　C
　　　　|　　　|
　　　　ω　　　ω
　　　　|　　　|
　　　白的①　　布

———————————————

① 我们这里把"白"与"的"处理成了一个韵律词与韵律词的概念并不相悖。冯胜利（1996：164，2009：19）甚至还指出，"如果把'功能词'（functional word）的'的''在……上''了''吧'等也考虑进来，那么就可能出现大于三音节的音步……"

如此一来，"白的布"只会被感知为一个短语，而非句法词。这一点恰恰体现了韵律和句法的接口关系。的确，句法是语言内部的运作机制，然而语音是语言最终的载体。一种语言，无论其句法如何运作，其信息最终还是要通过语音来实现，从而在言者与听者之间恰当地传递信息。然而，要利用语音的这一功能，势必就要尊重语音内在的运作机制——韵律。

这时候，问题来了。有人发现很多句法词中插入"的"以后非但无法变成短语，反而变得无法接受了，如例（23）所示：

(23) a. 快走 vs *快的走

　　 b. 慢跑 vs *慢的跑

　　 c. 急追 vs *急的追

这一点，显然无法通过上面韵律方案来做出解释，亦无法通过句法来解释（"的₁"通常出现在附接语当中，在句法上没有什么特殊之处）。这该如何解释？

事实上，这又回到了我们在第三章讨论的汉语词汇的根性问题。回顾形容词用以描写时必须借助于重叠、修饰、后缀或"f……的"结构等额外的辅助手段来实现。承认"快"是一个根性成分，这一现象也就释然了。我们不妨在"*快的走""*慢的跑""*急的追"前面都加个"很"或者将"快""慢""急"加以重叠，再回来看它们，明显就要容易接受得多了。如下：

(24) a. ? 很快的走/ ? 快快的走①

　　 b. ? 很慢的跑/ 慢慢的跑

　　 c. ? 很急的追/ ? 急急的追

---

① 加问号是表示这一表达虽然拗口，但尚可接受。

通过以上讨论，我们对汉语的"词"有了更进一步的认识："快""慢""急"等之所以能够在"快走""慢跑""急追"等句法词中出现，可能是因为它们生来就具有 X^0 的性质（庄会彬，2019），是以 X^0 的形式插入到句法终端的。若要它们独立使用，起到描写作用，还需要在韵律上施以加工，只有在韵律上做到了丰满，才能保证它在语义上的充实。汉语中不只形容词这样，动词、名词、副词等，莫不如此。

这里顺便谈一谈例（24）中"的"的作用。事实上，这一点我们在第三章已经谈到。"的"从本质上来讲，"的"是一个黏附成分（clitic），它的插入能够把一个词或短语一分为二（多），形成两个（或多个）黏附组。如下：

(25) a. $[_{NP}$张三的桌子$]$ $[_{LOC}$上$]$ $[_C$张三的$]$ $[_C$桌子上$]$

b. $[$父亲的父亲的$]$ $[$父亲$]$ $[_C$父亲的$]$ $[_C$父亲的$]$ $[_C$父亲$]$

（熊仲儒 2008：527）

回过头来看例（24），其中的玄机豁然而释。

(26) a. $[_{VP}$快快的 $[_V$走$]$ $]$ $[_C$快快的$]$ $[_C$走$]$

由于"走"是单音节，虽然能形成蜕化音步，但仍非完美音步，故而，例（24）中的例子都不够理想。

第五节 一点遗留问题

这里还有一点遗留问题亟待解决：回想在第四章，我们讨论了"的"的隐现与韵律（音步切分）有着密切关系，并以郭洁（2013）提供的语料做了进一步的说明。重复如下：

(27) a. 很高智商   b. 很大帮助

      c. 极高要求   d. 很高水平

      e. 特大灾难

(28) a. 漂亮（的）姑娘   b. 聪明（的）学生

      c. 干净（的）衣服   d. 善良（的）姑娘

我们当时的解释是：以上所列之例能够被接受的很大原因就是它们在韵律上满足了自然音步的要求。如下：

(29) a. 很高/智商   b. 很大/帮助

      c. 极高/要求   d. 很高/水平

      e. 特大/灾难

(30) a. 漂亮/姑娘   b. 聪明/学生

      c. 干净/衣服   d. 善良/姑娘

然而，对于郭洁（2013）所提供的反例我们当时却是没有做出解释。其例如下：

(31) 非常高难度

(32) a. 安静*（的）男孩   b. 忙碌*（的）妈妈

      c. 好奇*（的）学生   d. 专心*（的）听众

      e. 暴躁*（的）群众   f. 烦躁*（的）学生

      g. 健康*（的）身体   h. 整齐*（的）床铺

      i. 暖和*（的）房间

仔细考察，并不难发现，例（31）其实在日常口语中用得极少，它应该属于比较专用的名词（如体育训练以及竞技中）。例（32）中的定语则大多有较强的动词倾向。早有学者注意到动词作定语时"的"的隐显制约规律

（如李晋霞，2003）。虽说汉语中形容词与动词的区分并不是那么严格，有些学者甚至将汉语形容词视作动词的下类或者次类①，但毕竟动词和形容词在句法上差异较大——虽然同样是以附接结构，形容词附接结构的中心语是 A，而动词附接结构的中心语却只能是 C。分别如例（33）、例（34）所示：

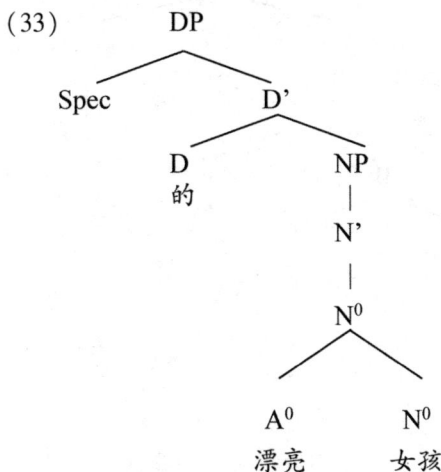

（33）

```
                    DP
                  /    \
              Spec      D'
                      /    \
                    D       NP
                    的       |
                            N'
                            |
                            N⁰
                          /    \
                        A⁰      N⁰
                        漂亮     女孩
```

<hr>

① Ross（1983，1984）、McCawley（1992）、Tan（1993）等从跨语言角度研究，发现汉语形容词无法充分满足形容词的跨语言共性特征，无论是从句法表现还是从构词法上都无法将其与动词区分开来。另外，赵元任（Chao，1968）、Li & Thompson（1981）等也都认为汉语形容词是动词的一个次类。

（34）

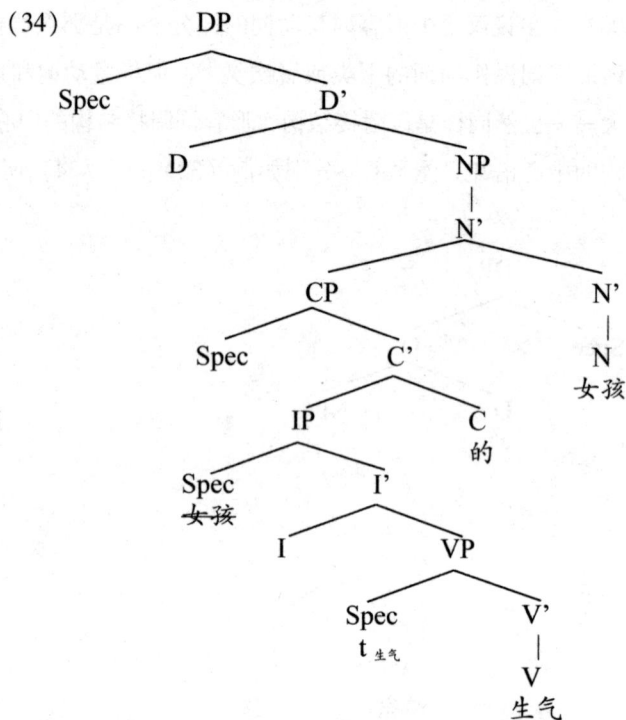

例（33）和例（34）足以说明，（29）、（30）中的例子并不同于（32）中的例子。更何况，动词和形容词在论元结构上本身差异就很大——形容词只能是一元谓词，而动词可能是二元谓词，这一特点体现在句法上就是动词可以带宾语，如果这样，单凭这一点就解释例（32）中的很多例子——如果没有"的"后面的名词极有可能会被理解为前面的动词作用对象。

第六章

分裂句中的"的"

迄今，本书还有一类"的"尚未展开讨论，那就是分裂句"（是）……的"中的"的"。其例如下：

(1) 我是昨天来的。

(2) 他是去年生孩子的。

(3)（他今年五十岁）她是去年生的孩子。

学界对于这个"的"关注已久，许多学者曾参与其中（如黎锦熙，1924；王力，1943/1947；朱德熙，1978；宋玉柱，1981；马学良、史有为，1982；李讷、安珊笛、张伯江，1998；袁毓林，2003；王光全，2003；沈家煊，2008；林若望，2016；等等）。

回顾过去，不难看出，学者们主要是纠结于两个问题：

1. "（是）……的"中的"的"是否可以归入"的₃"？若否，这里的"的"该如何定性？

2. 例（2）与例（3）是否可以视为同一句式？如是，它们又是如何推导出来的？

本章将主要关注这种"的"性质界定及其句法、韵律实现。为方便讨论，我们将它记作"的ₑ"（亦见第一章）。

第一节　以往对于"的_E"定性研究的回顾

以往对"的_E"的研究，大致可以分为"语气词观""时体观""事态观"。下面逐一加以说明。

一、语气词观——从语态到传信的历程

（一）"确定语态"说

将"的_E"视为语气词（或语态）的取向滥觞于 20 世纪 20 年代，至今未衰。最早提出"的"表语态的学者是黎锦熙（1924：315-317）。他指出"的_E"的作用在于"表语态的警确"，是"确定语态的助词"，其原文如下：

【表语态的警确】于语意无所增益，于语气也无所帮助，不过使说者的态度，对于所指示所决断的话，确定而不游移，精警而不含混。如：

的——增加确定的语态。有时似用为指示代名词，如文言的"之"；有时似用为联接代名词，如文言的"者"；有时又可译为文言之"焉""也""矣""耳"或"云"。例如：

＊满园子里便鸦雀无声，连一根针掉在地下都（　　）听见"的"。〔老〕

行事、言谈、吃喝，原（　　）有些女儿气"的"。〔石〕

这荀玫是老师要提拔的人，查不着，（　　）不好意思"的"。〔儒〕

先生（　　）最喜欢我"的"。

＊这（　　）可以使得"的"么？

你（　　）几时过江来"的"？

只因（　　）当年先母病中在观音菩萨位下许"的"。

＊你可以去吗？（　　）可以去"的"。

＊那天听的很多，我也（　　）去听"的"。

＊谁（　）教你们开口骂人"的"？

肉丝和蛋，（　）只够两位少爷吃"的"。

无论如何，生意买卖总（　）要听到"的"。

我不管，插带的东西，你要（　）给我"的"。

胡说！她（　）不会打你"的"。

我已经报了名了，不去，先生（　）要骂"的"。

＊昨天有一个朋友（　）来找你"的"。

＊（　）一星期内就要交股"的"。

他因为等着要交股，才来同你商量；那怕过了一星期，再归还你，倒（　）不要紧"的"。

两年之后，你（　）仍旧要发生经济恐慌"的"。

可是制造得非常精巧，（　）决看不出半点破绽出来"的"。

＊谁教你一辈子做这种生意？只要借此过一个渡，你自己手里有了几万现货，就（　）能够活动，做别的事业"的"。

＊将来你只消四面活动了，慢慢地就（　）可以脱离关系"的"。

＊（　）妈妈叫我不要去"的"。

＊进去说话去了，（　）就要出来"的"。

你的钞票（　）那里来"的"？

不要紧！拿到行里去看一看，都（　）要还你"的"。〔以上《好儿子》〕

＊〔注意〕若是把"的"字都看作"联接代名词"，那每句的（　）中都可以添加一个同动词"是"字；不过有＊作记号的句子，添加起来，很觉勉强。所以，这一路本无"是"字的句子，句尾之"的"就只看作确定语态的助词；图解上，和其他助词一律如下例之（ㄅ）式，而不必如（ㄆ）式：

（二）"表明语气"说

认为"的$_E$"的作用是"表明语气"的学者，以王力（1943/1947：338-340）为代表。他认为这里的"的"是一个语气词，"表明语气是表明事情的真实性的，决定语气是表明一种觉察，决意或推断的，性质本不相同"，他指出：

> 表明语气——凡表明事情的真实性，着重在说明原因，解释真相者，叫作表明语气。此类用语气词"的"字。
>
> （A）因凤丫头为巧姐儿病者，耽搁了两天，今日才去的。（85）
>
> （B）设了哨，我才把这个给他的。（60）
>
> （C）莫非林妹妹来了，听见我和五儿说话，故意吓我们的。（109）
>
> （D）刚才是我淘气，不叫开门的。（30）
>
> （以上是说明原因。）
>
> （E）本来就要去看的。（85）
>
> （F）等回明了，我们自然过去的。（68）
>
> （以上是解释真相。）

有时候，特别指明行为出自何人，或施于何事何物，发生于何时何地，这也算是辨别是非，不过所指的范围更狭。形式也有不同，因为这种"的"字是放在叙述词的后面，目的位的前面的。这可说是表明语气的活用。例如：

> （A）原是你起的端。（9）
>
> （B）都是你兴的他。（21）
>
> （C）都是颦儿引的他。（48）
>
> （D）二奶奶倒没说的，只是那娼妇治的我。（44）
>
> （以上是指明行为出自何人。）
>
> （E）是谁叫做的棺材？（25）
>
> （以上是要求对话人指明行为出自何人。）
>
> （F）原来是留的这个。（19）

（G）好好的一个洁净洁白女儿，也学的沽名钓誉。（36）

（以上是指明行为施于何物何事。）

（H）他是去年九月结的婚。

（I）他是在杭州结的婚。

（以上是指明行为宜生于何时何地。这一类也可以不用目的位，如"他是去年在杭州死的"。）

（三）"确认语气"说

吕叔湘（1944：211-213）提出"的"字表示的是一种确认的语气。其原文如下：

15.31"的"字表示的是一种确认的语气，就是表示确确实实有这件事，没有错儿。用"的"字的句子，语势颇重；何以如此，最好从这个语气词的由来上说明。

用"的"字的句子有上面用"是"字的，有不用的。上面有"是"字的，严格说，下面的"的"字不该算是一个语气词："是"和"的"联合起来把一句叙事句改造成一句判断句，这正是句法变化之一例，我们已经在第八章讨论过。但是不用"是"字单用"的"字的句子正是从兼用"是""的"的句法产生的，我们不妨再在这里举几个例。我们知道，一般而论，判断句的语势比叙事句重些，所以才利用"是……的"来加重语势。这种加重可以是一般的（即谓语的）加重，也可以是任何一部分的加重。一般的加重，把"是"字安在主语和谓语之间；部分的加重，把要加重的部分紧接在"是"字之后，有时就要改变句中的词序或"是"和"的"的先后。例如：

他是到过上海的。〔一般加重〕

他是大前年在上海的。

我是在上海会见他的。

我是无意之中遇见他的。

我认得的是他的哥哥。〔加重原来的止词〕

到过上海的是他的兄弟。〔加重原来的主语〕

是我把他找来的。〔加重主语〕

以下是一些现成的例句，都是一般加重：

所以好、歹、真、假，我是认得的。（红四一）

你这遭吃茶是托他两个的福；独你来了，我是不能给你吃的。（同）

你是和谁要来的？（红六）

你依我这话是万无一失的。（儿三）

他也是个给人家做儿子的，岂有他妈死了不叫他去发送的理？（同）

不可擅伤罪人，你我是要耽不是的。（儿三一）

15.32 这一类句子也是确认语气，但确认的作用是由"是"字发挥的，"的"字只是和"是"字相应的一个语尾。但如省去"是"字，只留"的"字，这个"的"字就不妨当语气词看了。如：

他倒想着不错日子给的。（红五七）

就连那黄天霸的老儿飞镖黄三太，我都赶上见过的。（儿三二）

我原不要带的，姨奶奶不依么。（儿一六）

天生应吃的苦也要吃的。（儿一）

一个人不读书再合他讲不清的。（儿三五）

有了执照，不愁找不出四至的。（儿三三）

今日赶不到的。（儿三）

二位姑娘就是大肚子弥勒佛，也吃不了五百钱的。（红六一）

我们怎么装没事人呢？少不得要查的。（同）

我自有分寸，断不上这个当的。（老残一二）

这类句子比兼用"是"字的句子的语势又要轻些。就以上例句而论，有已成事实的确认（前三例），有一般的事理的确认（例四、例五、例六），有未来事实的预断（客观的判断，例七、例八；主观的声明，例九、例十），这里面语势的强弱也不一致，大致依上面的次序由弱而强：对于未来的事实加以确认，自然要比确认过去的事实更有力。

（四）传信标记说

李讷、安珊笛、张伯江（1998）从话语角度进一步提供证据论证语气词"的"的存在。该文最重要的意义是他们在既有研究的基础上论证了"的$_E$"属于传信范畴。为证明这一观点，他们首先需要证明"的$_E$"所在句子的非事件性。而为了做到这一点，他们先是对事件句与非事件句加以区别：

> 现代语法理论中人们普遍接受的一个事实是，话语里最实质性的区别是事件句与非事件句的区别。事件句具有时间上的连续性和有界性，一般以出现在叙述语体里为常，具有高及物性特征；非事件句没有明显的时间界限，是非叙述性语体所偏爱的，及物性较低。

进而，他们又从以下几个方面论证"的$_E$"是传信标记，以及它所在的句子为非事件性的。

第一，对于"的$_E$"的低及物性特征，他们分别从背景化特征、体特征、宾语个体性和受动性三个方面加以说明：

> 在汉语里，使用时体助词的谓语在话语中往往是高度前景化的，具有明显的动态性质；而使用语气词"的"的句子在话语中总是背景化的，表示的是静态（stative）性质。
> …………
> 我们对所有含语气词"的"的句子做了体（aspect）和时限（punc-tuality）两方面的全面考察，发现没有一例是完成体的（telic），也没有一例是瞬止的（punctual），无终点性（atelic）是它们共同的特点。添加任何时间性成分都是与原意相左的。
> …………
> 从是否有前景信息、是否具有完成体特征、宾语是否被影响以及宾语本身的个体性强弱几个方面证明了含语气词"的"的句子的低及物

特点。这个考察的目的是要说明，这些特点显然是由"的"字带来的，同时也就表明，这个"的"字的作用既不同于结构助词，也不同于时体助词。

第二，语体特征。

我们从实例中可以看出，多数含有语气词"的"的句子都是处在交互作用中的，最典型的是成对地出现在征询（anticipate）与回应（respond）过程中的。……征询句中都有特指疑问词，句中的"的"并不表示疑问，而是对背景事实的肯定；回应句中的"的"字的作用正是承接上面的肯定。因此我们可以把语气词"的"的语法意义概括为：对一件事实的确认（certainty）。含有语气词"的"的句子是说话人向听话人表明肯定态度的方式，而不是为了告诉听话人发生了什么。

第三，语义强度。

及物性考察和语体分析表明，语气词"的"所在的句子并不以报导事件为目的，"的"的作用只是确认。上面我们把"的"所在的句子分成三组讨论，但需要说明的是，这并不意味着我们认为"的"的作用有不同的三种，事实上，三种情况里的"的"都是同一个"的"，上面所显示的只是"的"所出现的三种不同的环境而已。那么三种包含"的"的句子之间的区别在传信方面意味着什么呢？我们从"现实性"（mode）和"意愿性"（volitionality）两个角度对几组例子进行观察：

	A	B	C
现实性（realis /irrealis）	+	+	−
意愿性（volitional /non-volitional）	−	−	+

这个结果显示出：现实性的递减和意愿性的增强有自然的关联。我们这样解释这个现象：对已然事实的确认只要"证据确凿"就行，不一

定牵涉说话人做事的意愿；对推断事情的肯定，则需要说话人以自己的态度做保证。吕叔湘（1944）早已指出"有已成事实的确认，有一般事理的确认，有未来事实的预断，这里面语势的强弱也不一致，大致依上面的秩序由弱而强：对未来的事实加以确认，自然要比确认过去的事实更有力。"

这个规律的发现，为我们准确概括"的"字的语义特点提供了直接的证据："的"并不是§2里所说那种狭义传信意义的标志，而是广义的、带有情态作用的语法成分，它最本质的特点在于表示主观的确认态度。

二、时体观

（一）时体助词说

另一重要的学说是时体助词说，其代表人物有宋玉柱（1981），马学良、史有为（1982，1984，1999），王光全（2003），林若望（2016）等。

最早提出"的"具有时体效应的应是龙果夫（1958：91）。他指出，"我们发现现代汉语的一种趋势，就是用语尾'的'表示过去时间……"同时他还给出了自己的解释（1958：130），"……体词语尾'的'，具有语气意义，并且在特定条件下转变为过去时的标志"。

宋玉柱（1981）则首次明确指出"现代汉语中也有指明时间的助词"，"的$_E$"便是其中之一（另一个是"来着"）。他说：

我们所说的时间助词"的"是指的下列例句中这样的"的"：

(1) 哦，我忘了，老爷哪一天从矿上回来的？（《曹禺选集》19 页）

(2) 你在哪儿学的蒸包子呀？（《老舍剧作选》242 页）

(3) 他昨天晚上什么时候回来的？（《曹禺选集》20 页）

上面的"的"字都指明该句所述的动作发生于过去的时间。这可以从以下三个方面得到证明：

第一，有的句子去掉"的"字，就会改变所述动作的时间。如例

（1）去掉"的"字，全句所述就成为将要发生的事，属于将来时了。

第二，有的句子去掉"的"字，句子就不通了。如例（3）去掉"的"字，全句就站不住。这是因为时间状语"昨天晚上"指明的是过去时间，而"什么时候回来"却表明将来时间，两者互相矛盾。只有加上时间助词"的"，才能与时间状语表示的过去时间相一致。可见"的"的作用在于表示过去时。

第三，"的"字绝不能加在表明将来时的句子中。例如"你明天什么时候回来的？"就不成话。【按：作者此处有注释：参见龙果夫《现代汉语语法研究》中译本91页】

从以上三点可以看出，"的"字是表示过去时的时间助词。

马学良、史有为（1982）赞同宋玉柱（1981）的看法，并指出"的"是"已然义"的载体：

有这样一种看法"老爷哪一天从矿上回来的"中的"的"字不能去掉，如果"去掉'的'字，就会改变所述动作的时间"，"全句所述就成为将要发生的事，属于将来时了"，由此可以证明"的"是时间助词。【按：作者此处有一个注释明确表明这是宋玉柱的看法】

他们先是用语言片段（省略句）予以演示，进而改用其原型进行对比，并最终得出"的$_E$"是"已然义"的载体：

在下列语言片段的对比中，表面上似乎"的"表示已然信息的作用很明显：

已然义		未然义
（你）哪儿上的？	：	（你）哪儿上？
（我）今天看的。	：	（我）今天看。
（我）昨天看的。	：	＊（我）昨天看。

* （我）马上看的。：　（我）马上看。

但是，上面这些句子都是些省略句，用省略句进行对比，包含着很大的危险性。因为相同的省略形式的背后可以是截然不同的几种结构原型。所以，我们必须来观察一下它们的原型：

（你）（是）哪儿上的（车)?：（你）哪儿上（车)?

（我）（是）今天看的（电影)。：（我）今天看（电影)。

从它们的原型来看，这是两类截然不同的句型，它们的结构格局可表示为：

（T）（是）A V 的（No)：（T）A V（O)

显然，把两种不同的句型当成同一句型的两种变形只是用一个加"的"，一个不加"的"来对比是不妥的，在方法论上是不能成立的。

因此，也就无法从中得出"的"是"已然义"或"过去时"的载体这一结论。

…………

然而，我们无法在形式上或语义上找到（VP 的)$_1$【按：即表示指称义的体词性单位】中的 V、O 和（VP 的)$_2$【按：即表示陈述义的谓词性单位】中的 V、O 的区别。于是，比较合理的解释就只能是：（AV 的)$_2$中的"的"是已然义的载体。"的"是一种语法词，它在发展过程中可以分化为不同的单位，当然也完全可以担负不同的语法功能，载负不同的语法信息。

作为该文的续篇，史有为（1984）则更进一步明确提出，这种"的"是表示过去完成、过去实现的助词，称之为"时体助词"。

吕必松（1982）认为："'是……的'结构的作用之一是表示过去时……然而，表示过去时的'是……的'结构必须用于要强调说明过去动作发生或完成的时间、地点、方式等的句子……"这一观点得到了王光全（2003）的赞同（但不同意其"强调"二字），在此基础上，他甚至直接将"的$_E$"称为过去完成体标记。

最近几年，从时体视角审视"的$_E$"的研究仍时有呈现，如林若望（2016）最近明确说"我们主张句末'的'的语法意义不仅具备焦点强调或肯定语气的功能，同时也传达了特定的时间意义，这个时间意义不是过去时，也不是现在时，而是一个包含了说话时点的非未来时段……"

（二）反对观点

"的$_E$"的时体问题是一个浩大工程，也是一个极其敏感的问题。因此，时体观的抛出，必然引发热议。

较早公开反对时体观的学者当是李讷、安珊笛、张伯江（1998）。他们先是指出动词时体成分的根源在于前景化：

> ……动词时体成分的根源在于前景化，沈家煊（1995）说明了这种关系："对连续事件的叙述总是一个事件接着一个事件，事件与事件之间要有界限，人就是这么来认识世界的，也就按这样的认识用语言来描述世界。"

进而对含有语气词"的"的句子做了体和时限两方面的全面考察，他们得出如下结论：

> 我们对所有含语气词"的"的句子做了体（aspect）和时限（punctuality）两方面的全面考察，发现没有一例是完成体的（telic），也没有一例是瞬止的（punctual），无终点性（atelic）是它们共同的特点。添加任何时间性成分都是与原意相左的：
>
> ? 是我叫住了她问她一些情况的　　* 是我叫住她问她一些情况了的
>
> ? 她一人坐车到了我家　　　　　　* 她一人坐车到我家了
>
> * 我们是来找了马锐　　　　　　　* 我们是来找马锐了
>
> ? 就为了离婚才结了婚　　　　　　* 就为了离婚才结婚了
>
> * 你是不会走错了门　　　　　　　* 你是不会走错门了
>
> 语气词"的"是要确认一种活动而不是报导一个事件，因此这种句

子不可能出现报导事件所需要的那些时体手段。

相应地，这些句子的否定形式也只能是用非事件的否定词"不"或"不是"而不能用事件性的否定词"没"。

杉村博文（1999）也同意"是……的"句能够传达已然义，但他进一步指出，信息焦点指定型"是……的"句能够传达已然义，是因为其"述语+的（+宾语）"是先行句"述语+了（+宾语）"的承指形式；事件原因解说型"是……的"句能够传达已然义主要是因为此类"是……的"句总是说明一个已然事件发生的原因，在客观顺序上事件先于说明而存在，此类"是……的"句所特有的确认语气是从谓语部分的分类性质派生出来的。

袁毓林（2003）则提出如下观点：

我们认为，如果（不能证明）"他是会对你好一辈子的"和"我早晚是要找她算账的"中的"的"跟他们上述例子中的"的"（不）具有同一性，那么"的"表示过去完成一类说法就站不住脚。因为，这种包含"会、要"等助动词的事态句，显然不表示已然义。更何况，这种"的"可以跟体标记"了、过"甚至"着"共现。例如：

（38）这一番微妙的话，可难为了周为新的"工程"头脑，然而严仲平频频颔首，显然是多少领略了其中的奥妙的。（杉村，1999，61页）

（39）……真相一旦暴露，不齿于士林，因而自杀者也是有过的。（文艺，21页）

（40）可见，戏曲里的行当也是在不断变化、发展着的。（文艺，151页）

因此，要证明"的"是时体助词，无论是在意义上还是在分布（聚合类）上，都有不可克服的困难。

当然，袁毓林（2003）注意到，虽然"的"不是时体助词，但是不包含

"会、要、着"等时体标记的事态句都表示"已然义"。对于这种已然义的载体，他接受了杉村博文（1999）的观点：已然义来源于"……V 的（O）"对其先行成分"……V 了（O）"的回指（anaphora）。此不赘述。

三、事态观

袁毓林（2003）、完权（2016，2018）的事态观，亦成一说。袁毓林（2003）将事态句界定为："由动词性成分充当谓语核心的句子为事件句（event sentences），称带句尾'的'的句子为事态句（state-of-affairs sentences）。"完权（2018）对此做了更加细致的界定：

> 事态句不是事件句的名词化对应物。事态句是表达事件状态的名词性谓语句，是以对事态（包括属性）的指称为手段进行交际的句子。事件句和事态句之间既没有"名词化"这个派生过程，事件句也不是事态句的基础。
>
> 事态句才是基本的（我知道），事件句是从中分化出来的次类（我知道了），仍具有事态句的性质，因为事件句也可用于表达事态。
>
> …………
>
> 正因为事件句是事态句的一个次类，本身同时也仍是事态句，所以在用于表达事态、作指称语时不必加"的"，有时候加了反而不好：
>
> 　　小王第一个跳（＊的）是不可能的。
>
> 　　我在中山路上车（＊的）很方便。

这说明这个"的"的功能并不是名词化。实际上从语篇语料中可以观察到，言者在事态句中加上"的"，是为了调动听者的注意力指向"的"前的事态，表达希望听者注意并重视这个事态的主观意向性。"的"这个功能和所有参照体结构中的"的"本质上一致，因为"的"具有加强所附着的语言单位的指别度的作用。

四、评价与启迪

以上回顾了学界对"的$_E$"处理的三种主要取向，其中时体观反对声音最多；语气词观源远流长，且不断推陈出新；而最新的事态观则与语气词观遥相呼应。

应当说，目前看来，语气词观最是经得住历史的检验。而且通过我们前面回顾黎锦熙（1924：315-317）、王力（1943/1947：338）、吕叔湘（1944：211-214）对"的$_E$"的界定，从黎锦熙（1924：315-317）的"确定语态"说，到王力（1943/1947：338）的"表明语气"说，再到吕叔湘（1944：211-214）的"确定语气"说，最后到李讷、安珊笛、张伯江（1998）的"传信标记"说。可以说，这一研究历程是一脉相承的。

其中，吕叔湘（1944：204）对语气的重新界定值得关注：

> "语气"可有广狭两解。广义的"语气"包括"语意"和"语势"。所谓"语意"，指正和反，定和不定，虚和实等区别。所谓"语势"，指说话的轻或重，缓或急。除去这两样，剩下的是狭义的"语气"：假如要给他一个定义，可以说是"概念内容相同的语句，因使用的目的不同所生的分别"。"语意"对于概念的内容有改变，而同一语气仍可有"语势"的差异。三者的表现法也不相同：语意以加用限制词为主，语势以语调为主，而语气则兼用语调与语气词。但是三者之间的关系非常密切，例如不定的语意必然取疑问的语气，反诘的语势比普通询问沉重，测度比直陈缓和，命令比商量急促，这些都是明显的事实。

另外，有一点更为值得一提，那就是吕叔湘（1944）首次使用了"传信"概念（其第十五章的标题，204 页）。正是在这一基础上，李讷、安珊笛、张伯江（1998）正式采用了这一概念，并进一步做出了论证。可以说，这一项研究是不断丰满和提升的。

更有趣的是，最新推出的事态观也与语气词观遥相呼应。如完权

（2018：149-150）指出："注意说可以兼容焦点说，因为'大略地说，焦点是说话人最想让听话人注意的部分'（刘丹青、徐列炯 1998）。注意说也可以兼容传信说，因为确认传信就是言者以当前示证为目的而需要听者注意某个事态。"

有鉴于以上种种，本书对研究"的$_E$"的研究采用了语气词观，更具体地说来，是传信标记说。

第二节　"的$_E$"的定性及其句法地位

一、"的$_E$"的定性——此"的"即彼"的"？

接下来我们将尝试对"的$_E$"做出定性。在抛出观点之前，我们还有必要回顾一下前贤对"的$_E$"的处理，换言之，"的$_E$"与其他几个"的"分与合的问题。

朱德熙（1978）坚持不存在语气词"的"，"它们就是通常说的助词'的'"。朱德熙还在此处特别以注释说明，这个助词"的"即《说"的"》（《中国语文》1961 年第 12 期）里所说的"的$_3$"。其原文如下：

> 我们现在要讨论的是下边五种句式：
>
> （1）我昨天来的
>
> （2）他说的上海话
>
> （3）我请他来的
>
> （4）谁开的电灯
>
> （5）我看的郭兰英演的
>
> 通常认为例（1）和例（3）里的"的"是语气词，按照这种看法，例（1）和例（3）是同一种类型的句子，即句尾带语气词"的"的主谓句。例（2）、例（4）和例（5）跟由"DJ 的"作修饰语的名词性偏

正结构同形［不同的是例（2）和例（4）的中心语是名词，例（5）的中心语是"的"字结构］。作为偏正结构，例（2）、例（4）和例（5）都是对某种事物（上海话、电灯、郭兰英演的戏）的指称，但作为句子，则是对某件事（他说上海话，谁开电灯，我看的那出戏是郭兰英演的）的陈述。因此例（2）、例（4）和例（5）常常用来作为语法形式和语法意义参差的例子。

这五种句式都能加上"是"字分别转化为 S_1、S_2、S_3、S_4 和 S_5：

S_1：我是昨天来的

S_2：他说的是上海话

S_3：是我请他来的

S_4：是谁开的电灯

S_5：我看的是郭兰英演的

加上"是"以后，句子的意思保持不变，而且这五种句式的否定形式也跟 S_1-S_5 的否定形式完全一样，可见这五种句式不过是 S_1-S_5 的紧缩形式，即省略了"是"的形式。按照这种看法，我们认为例（1）和例（3）句末的"的"就是通常说的助词"的"，不是什么语气词。

紧随朱德熙（1978），袁毓林（2003）再次论证了"的$_E$"和"的$_3$"的同一性。他坚持"的$_E$"不是语气词，而是结构助词，其句法功能就是把一个动词性成分转变成名词性成分，因此它应是名词化标记。"的$_E$"的语义功能是全局性的转指（按：袁毓林先生称之为"自指"）。

必须说明的是，我们可以从表达功能上认定谓语位置上自指的"的"是传信标记，但是还不能就此肯定它是语气词。李讷等（1998）认为这种"的"表示主观的确认态度，属于认识（epistemic）范畴；它作用于一个命题，反映的是句子的情态（modality）类型，是一种情态助词，可以归入句末语气词（99 页）。要而言之，他们认为这种"的"是表示确认的语气词，而不是结构助词（94 页）。显然，确认语气应该

是排斥疑问这种不确定的语气的。但是，语言事实是：带"的"的事态
句是有疑问形式的（比如：你们是怎么谈的恋爱?)。可见，把这种
"的"的语义概括为确认是有问题的。同样，把这种"的"的词类确定
为语气词也会碰到困难。根据胡明扬（1981，53 页）和朱德熙（1982，
208 页）等的研究，语气词在句子里出现的顺序是固定的，表现为：(i)
"了、呢$_1$、来着"等表示时态的在最前边；(ii)"呢$_2$、吗、吧$_1$、吧$_2$"
等表示祈使和疑问的次之；(iii)"啊、呕、呢$_3$"等表示说话人的态度
或情感的在最后。于是，假如"的"是表示确认意义的语气词，那么应
该归入第（iii）组；如果"的"跟第（iii）组中的"啊、呕、呢$_3$"等
处于同一个句法聚合，那么它只能位于第（ii）(iii）两组语气词之后。
但是，语言事实是："的"只能位于第（i）(ii）(iii）三组语气词之前。
例如：（文艺，64，106，23 页）

(35) a. ……，这也是再明白不过的了。

　　　 b. 社会进入和平发展时期，却仍然抱着战时政策不放就是不
　　　 可原谅的了。

(36) a. 我在上面几次讲到"新意"，"新意"是从哪里来的呢?

　　　 b. 这事情是可以玩的吗?（或啊?)（赵，1926，185 页）

(37) a. 是哪儿来搭（＝得+啊)?（赵，1926，191 页）

　　　 b. 真搭，是昨儿来搭?（赵，1926，204 页）

可见，从分布上看，这种"的"不像是语气词。按照我们的理解，
这种"的"仍是结构助词；其句法功能是把一个动词性成分 VP 转变为
名词性成分"VP 的"，从这一意义上说，它是名词化标记。其语义功能
是表示自指，即指这种 VP 所具有的某种属性；从这一意义上说，它是
自指标记。当这种"VP 的"处于谓语位置上时，它会引出一种焦点结
构，从而赋予句子一种强调（emphasis）的语气；在陈述句中，这种强
调语气就表现为确认语气。由于陈述句比疑问句更为常见、更为无标
记，因而确认是带"的"的句子的一种最常见、最典型的语气。也就是
说，从表达功能上看，句尾的"的"是传信标记。

对此，完权（2018：146-147）提出质疑：

此说的解释力能够覆盖此前诸说，不过"名词化标记"这一性质认定，也会和如下语言事实相抵牾。

第一，"的"字不必有。既然是"标记"，在事态句中就应当不可或缺，然而，下面这些事态句例中可以没有"的"。

你不必多嘱咐，我知道（的）。（吕叔湘1944：§15.33）

阿译："他有个儿子（的）。在中原战场。"（兰晓龙《我的团长我的团》）

第二，有些事态句不能还原成事件句。如：

看，台球这么打的。

*看，台球这么打了。

有些事件句也不能加"的"派生出事态句：

问：你打算怎么回去？

答：我在中山路上公交车。

*答：我在中山路上的公交车。

*答：我在中山路上公交车的。

第三，"（是）……的"不圈定焦点。有的焦点其实落在了圈子的外面：

她是生的男孩。我是投的赞成票。

有些焦点"范围"并不精确：

我是去年出差去上海的。

也就是说，"的$_E$"界定为传信标记，有其事实根据，也经得住检验。事实上，"传信标记"这一界定，一方面与语气词观（乃至袁毓林的传信标记观）一脉相承，同时与赵元任（Chao, 1968）的经典论述也不矛盾。袁毓林（2003：10）指出：

"（是）……的"是焦点结构的标记：只要有这种"的"的存在，就必然会引出一个有标记的焦点结构。由于焦点结构总是要强调焦点范围中的某个成分的，因而只要有这种"的"的存在，就必然会有强调、确认等所谓的传信语气（evidentiality）。也就是说，自指标记"的"在谓语位置上自然地成为传信标记。因此，赵元任（1968）正确地指出：这种"的"表示整个的情况（whole situation），意思是"事情就是这样"（such is the case），"就是这样的情形"（this is the kind of situation）。

二、"的$_E$"的句法地位

"的$_E$"的性质得到了解决，接下来的问题，自然就是要探讨它的句法地位。既然"的$_E$"为传信标记，其句法地位显然无法在经典的 CP、TP、VP 三层级理论框架下得到较好的呈现，而必须在对句子左边缘做出精细刻画，而这方面贡献最为卓越的当属 Rizzi（1997，2001，2004，2015），他所提出的也就是本章要引入的 CP 分裂假说。

（一）CP 分裂假说

在 Rizzi 提出 CP 分裂假说之前，句法分析多是在标句短语（即 CP）这一假设的基础上进行的。应当说，标句短语假设用来分析多数的左边缘结构都是成功的，然而，它在处理例（4）的内嵌小句时就颇为棘手。

(4) I am absolutely convinced [that no other colleague would he turn to]

我们知道，wh-短语通常要通过 wh-移位移到句首。事实上，不仅 wh-短语如此，有些其他成分也可能会出现在句首，如例（4）中的 no other colleague 本是 to 的宾语，却出现在了句首的位置；与此同时，would 也随之提升。这时候问题就来了：如何确定 no other colleague 和 would 的句法地位？如果我们把 would 置于 C 位置上（no other colleague 位于 Spec，CP），that 就无法处理。这是因为，通常说来，that 是一个标句语，占据 C 位置。可是，如果把 that 处理为 C 的话，no other colleague 和 would 又无法安置。如此一来，唯一可行的方案就是让句子中出现两个 C，可这又不符合句法通常的做法，如下：

(5) I am absolutely convinced * [$_{CP}$ [$_C$ that [$_{CP}$ no other colleague [$_C$ would] [$_{TP}$ he [$_T$ t$_{would}$] [$_{VP}$ [$_V$ turn] [$_{PP}$ [$_P$ to] t$_{no\ other\ colleague}$]]]]]]

(Rizzi，1997)

出于这样的原因，Rizzi（1997，2001，2004）提出将 CP 分裂成导句短语（Force Phrase，简写成 ForceP）、话题短语（Topic Phrase，简写成 TopP）、焦点短语（Focus Phrase，简写成 FocP）①、限定短语（Finiteness Phrase，简写成 FinP）等。Rizzi（1997：297）还给出了它们在树形图上的顺序，如下（其中 TopP * 表明可以同时出现多个话题）：

(6)

---

① 话题短语与焦点短语的区别，根据 Radford（2004）的观点，从语篇的角度看，焦点成分一般传达新信息，而话题（前置宾语）则是前面已经提到的信息。

有了 CP 分裂假说，我们再来看例句例（4）的内嵌小句。其分析如（7）所示（Rizzi，1997；Radford，2004：328）：

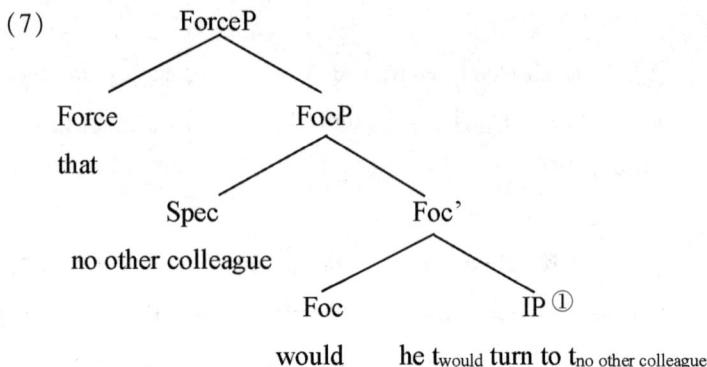

（7）

```
                    ForceP
                  /        \
             Force          FocP
             that         /      \
                      Spec          Foc'
              no other colleague   /    \
                               Foc       IP ①
                              would   he t_would turn to t_no other colleague
```

从上图可以看出，that 占据了 ForceP 的中心语位置，受焦点短语 no other colleague 源于 to 的宾语位置，移向 FocP 的标志语，助词 would 源于 T 位置，移向 FocP 的中心语。②

然而，例（7）只涉及两个投射：导句短语和焦点短语。为更好地了解 CP 分裂假说，接下来，我们再来看一个例句：

（8）He had seen something truly evil - prisoners being ritually raped, tortured and mutiliated. He prayed that atrocities like those, never again would he witness.

---

① 为方便排版，IP 部分没有进一步展开，读者如有需要，可根据前面的讨论自行展开。

② 值得注意的是，对于该移位的内在动因，Radford（2004：328）还在最简方案框架内做出了解释："假定 FocP 的中心语 Foc 自身携带有一个［EPP］特征和一个不可解释的焦点特征，两个一起吸引受焦宾语 no other colleague（该短语自身携带与不可解释的焦点特征相匹配的特征）移入 Spec-FocP 位置，而 Foc 是一个带有词缀［TNS］特征的强势中心语，吸引助动词从 T 移到 Foc。"

例（8）的划线部分中，前置的宾语 that atrocities like those 是动词 witness 的宾语。它的典范位置应该是在 witness 之后，但却出现在句首。根据 Radford（2004：329）的观点，从语篇的角度看，焦点成分一般传达新信息，而这里的前置宾语 that atrocities like those 显然代表着旧信息，即语篇中前面已经提到的信息。所以说，这类前置的成分应视为句子的话题（Rizzi，1997；Haegeman，2000），相关的移位操作则称为话题化。

按照 Rizzi 的做法，例（8）中的 that 应当位于 ForceP 的中心语；atrocities like those 本来位于动词 witness 的宾语位置，前置后成为句子的话题（回指前面小句中的 rape、torture、mutilation）；前置的否定状语 never again 是焦点成分位于 Spec，FocP 位置，因倒装而前移的助动词 would 位于 FocP 的中心语位置。这样一来，该部分的结构应当如下所示：

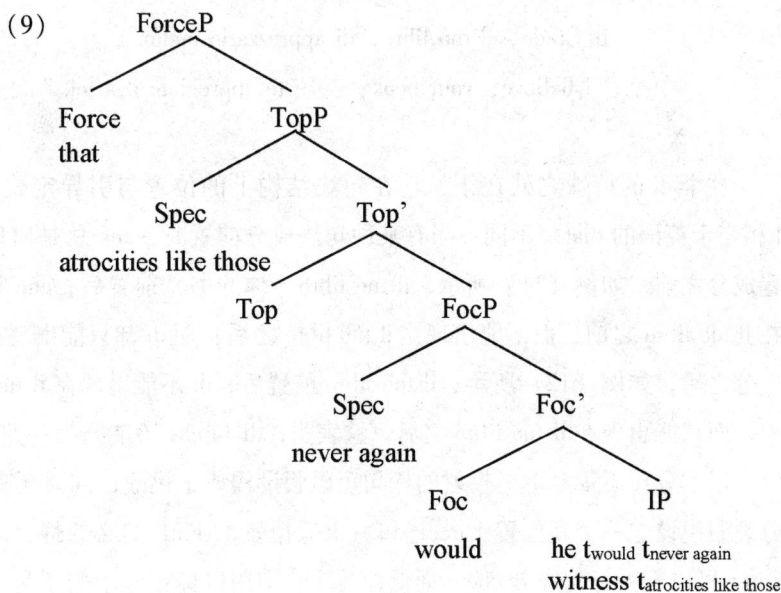

(9)

```
                    ForceP
                   /      \
                Force      TopP
                that      /    \
                      Spec      Top'
           atrocities like those  /  \
                               Top    FocP
                                     /    \
                                  Spec     Foc'
                             never again   /   \
                                        Foc      IP
                                       would   he t_{would} t_{never again}
                                               witness t_{atrocities like those}
```

除了 ForceP、TopP、FocP 三个投射之外，还有一个限定短语（FinP）。事实上，Rizzi（1997）提出 FinP 所依据的是意大利语语料。意大利语中存在一个介词性的非定式句标记成分 di，用以引导非定式句（引导定式句则用

che），如下：

（10）a. Credo che loro apprezzerebbero molto il tuo libro.

"I believe that they would appreciate your book very much."

b. Credo di apprezzare molto il tuo libro.

"I believe 'of' to appreciate your book very much."

（11）a. Credo che il tuo libro, loro lo apprezzerebbero molto.

"I believe that your book, they would appreciate it a lot."

b. * Credo, il tuo libra, che loro lo apprezzerebbero molto.

"I believe, your book, that they would appreciate it a lot."

（12）a. * Credo di il tuo libro, apprezzarlo molto.

"I believe 'of' your book to appreciate it a lot."

b. Credo, il tuo libro, di apprezzarlo malto.

"I believe, your book, 'of' to appreciate it a lot."

这个 di 的特殊之处在于，它在句法结构上的位置与引导定式句的 che（相当于英语的 that）不同：当有某种句法成分前置时，che 总是出现在该前置成分之前，如例（11）所示，il tuo libro（你的书）前置后，che 只能出现在 il tuo libro 之前，而不能出现在 il tuo libro 之后；而 di 却只能出现在该前置成分之后，如例（12）所示，il tuo libro 前置后，di 不能出现在 il tuo libro 之前，而只能出现在 il tuo libro 之后。这表明，di 与 che 不能归为一类成分。

以上分析不仅对单一投射的标句短语假设构成了挑战，同时还表明，CP 分裂假说设立一个高位置 ForceP 和一个低位置的 FinP 的必要性：高位置的 Force 可以容纳标句成分 che，而低位置 Fin 则用以标记一个句子是定式句还是非定式句，从而能够容纳 di 这样的成分。

虽然在过去的二十多年中，他不断革新，提出了句子左边缘的新节点，但其基本精神没变。以下为其基本骨架（其中 TOP = Topic、FOC = Focus、FIN = Finiteness，星号表示该投射可以有一个或多个）：

（13）Rizzi（1997）：FORCE > TOP * > FOC > TOP * > FIN

以树形图呈现：

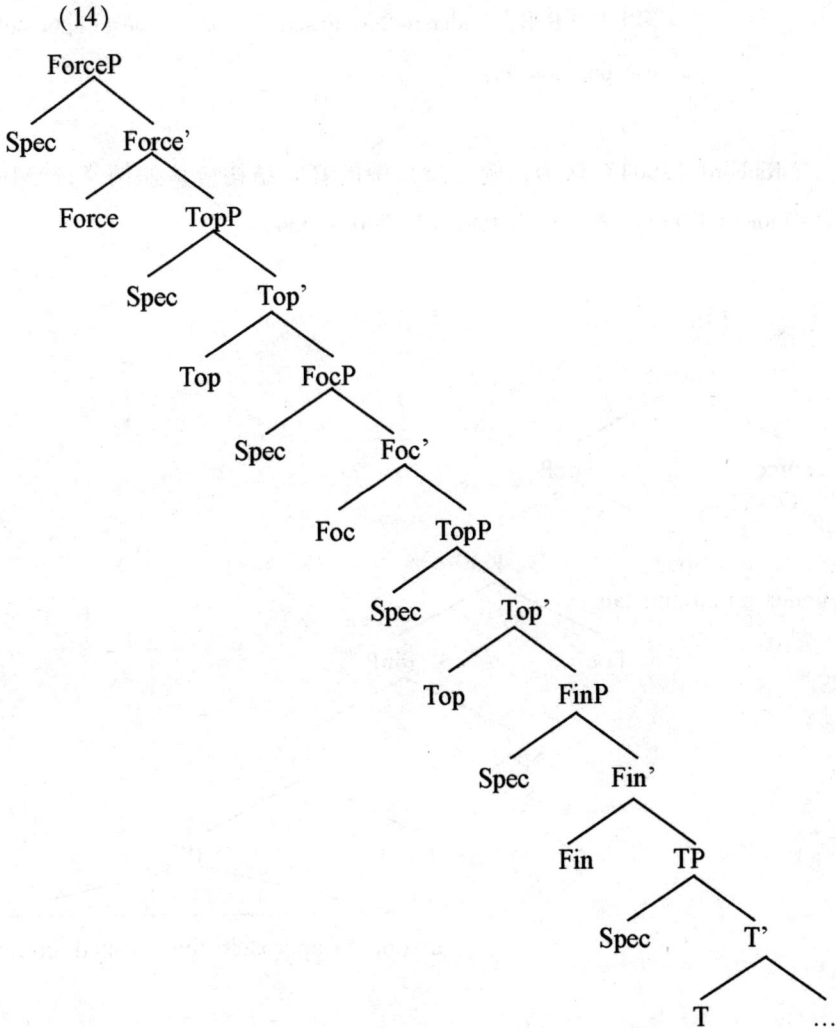

（14）

```
        ForceP
       /      \
    Spec     Force'
            /      \
        Force      TopP
                  /    \
               Spec    Top'
                      /    \
                   Top     FocP
                          /    \
                       Spec    Foc'
                              /    \
                           Foc     TopP
                                  /    \
                               Spec    Top'
                                      /    \
                                   Top     FinP
                                          /    \
                                       Spec    Fin'
                                              /    \
                                           Fin      TP
                                                   /    \
                                                Spec    T'
                                                       /    \
                                                      T     ...
```

有趣的是，Radford（2004）指出，英语（包括中古英语和现代英语）中也存在类似于意大利语 di 的标记。下面以现代英语为例加以说明：

(15) SPEAKER A：What was the advice given by the police to the general public?

SPEAKER B：Under no circumstances for anyone to approach the escaped convicts.

Radford（2004）认为，例（15）中的答句结构应该如例（16）所示，其中 for 位于 Fin 位置（引自 Radford，2004：334）：

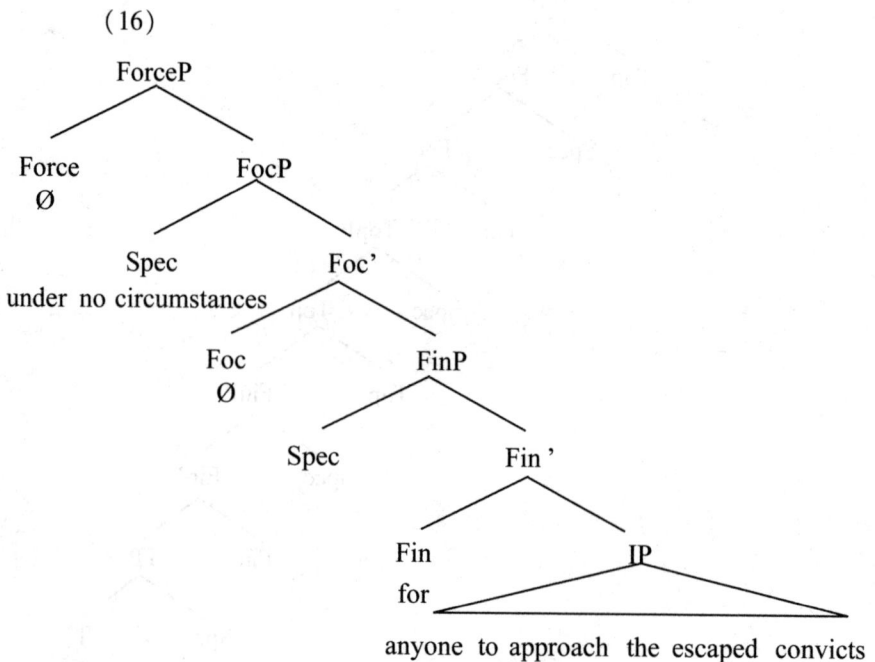

(16)

```
                    ForceP
                   /      \
              Force        FocP
                Ø         /    \
                      Spec      Foc'
            under no circumstances / \
                             Foc      FinP
                              Ø      /    \
                               Spec       Fin'
                                         /    \
                                      Fin       IP
                                      for   /_____\
                              anyone to approach the escaped convicts
```

CP 分裂假说，成功地解决了许多句法上的难题，一经提出，便在跨语言的研究中得到了广泛的应用（如 Frascarelli，2000；Munaro，2003；Munakata，2006；Newmeyer，2009；van Craenenbroeck，2010；Darzi & Beyragh-dar，2010；Wakefield，2011；庄会彬，2013）。

（二）"的$_E$"的句法地位初定

下面我们探讨"的$_E$"在句法上处于什么位置。上面探讨，"的$_E$"应为一个传信标记，传信标记该处于什么位置呢？这一点，我们可以借助"了$_2$"予以考察——这也是前贤比较青睐的方法之一（如王力，1943/1947；吕叔湘，1944；吕必松，1982 等）。

王力（1943/1947：340-341）率先体会到"的$_E$"和"了$_2$"在句法地位上的相似。他认为，两者的差别仅在于表明语气和决定语气的分别：

> 表明语气和决定语气的分别——表明语气是表明事情的真实性的，决定语气是表明一种觉察，决意或推断的，性质本不相同。偶然有些地方，用"的"用"了"都可以，然而意义也不必相同。用"的"的表示本来如此，用"了"的表示我现在觉察是如此。例如：
>
> （A）这事你不能不管的。（本来不能不管。）
>
> （B）这事你不能不管了。（本来也许可以不管，但照现在情况而论，就不能不管了。）

吕叔湘（1944：213-214）则将"了$_2$"和"的$_E$"分别命名为决定语气和确认语气。他说：

> 15.33 "了"字和"的"字的比较，可以说明决定语气和确认语气的分别；我们可以看作动和静的分别，正和文言的"矣"和"也"的分别相似（见下）。比较：
>
> 你这么一说，我知道了。〔原先我不知道〕
>
> 你不必多嘱咐，我知道的。〔我本来知道〕
>
> 这本书我看完了。
>
> 这本书我看完的。

> 他今天不来，明天也该来了。
> 他今天不来，明天也要来的。

　　不光是从语气词视角考察的学者会将"的ᴇ"与"了₂"对举。坚持时体的学者也不乏其人。如吕必松（1982）在对"了"和"的ᴇ"进行一番对比后指出：

> 　　"是……的"结构的作用之一是表示过去时。用在句末的"了"（包括通常所说的动词词尾"了"和语气助词"了"，下同）的作用之一，是表示动作已经发生或完成。从这一点看，"了"与"是……的"结构的作用似乎有点相像。这正是引起"的"与"了"相混的主要原因。然而，表示过去时的"是……的"结构必须用于要强调说明过去动作发生或完成的时间、地点、方式等的句子，而表示动作已经发生或完成的"了"必须用于一般地叙述客观事实的句子。因此，用表示过去时的"是……的"结构的句子与用表示动作已经发生或完成的"了"的句子所表达的意思的重点是不一样的。
> 　　…………
> 　　可见，如果要强调说明过去动作发生或者完成的时间、地点、方式等，必须用"是……的"，不能用"了"；如果仅仅要表示某一动作或情况确已发生或完成，并不用强调说明动作或情况发生或完成的时间、地点、方式等，则必须用"了"，而不能用"是……的"。

　　既然前贤认为"的ᴇ"与"了₂"句法性质相同或相似（但意义或功能不同），其句法地位亦应存在相似之处。如果这一设想成立，那么我们只需确定"了₂"的句法地位即可得出"的ᴇ"的句法地位。

　　庄会彬（2015：154-157）、张培翠等（Zhang et al.，2018）提出"了₂"位于 FinP 中心语的观点，张宁也把句末"了"看作是一个限定标记（Zhang，2018）。这一观点恰恰和 Sybesma（2016）的思路相吻合，Sybesma

的观点是（基于本人听讲座的笔记）：句子是否完整与限定性（finiteness）相关，如果句子是非定式（non-finite）的，那么句子不完整。他从功能的角度重新界定了定式（finite）句子与非定式（non-finite）句子，认为定式的句子将命题/事件联系到语外世界，具有直指（deictic）、锚定（anchoring）和独立（independence）的特征。根据这一定义，以下例句中汉语的各种完句策略，都是不定式句变为定式句的体现。

（17）？/＊阿 Q 拿了书。

（18）阿 Q 拿了书了。（添加句末助词）

（19）阿 Q 昨天拿了书。（添加时间副词）

（20）阿 Q 拿了这三本书。（限定宾语）

（21）阿 Q 拿了书，就走了。（复杂句）

其中，例（18）很显然是通过添加限定成分"了$_2$"而达到完句目的的。

有意思的是，添加"的$_E$"，一样可以达到完句的效果。如下（例（22）来自 Sybesma, 2016）：

（22）a.？/＊阿 Q 拿了书。

　　　b.？/＊阿 Q 吃着饭。

（23）a. 阿 Q 拿了书的。

　　　b. 阿 Q 吃着饭的。

如此，我们完全有理由认为，"的$_E$"应当位于 Fin 位置。如下：

（24）

```
              ForceP
             /      \
          Spec      Force'
                   /      \
                Force      TopP
                          /    \
                       Spec    Top'
                              /    \
                           Top     FocP
                                  /    \
                               Spec    Foc'
                                      /    \
                                   Foc     FinP
                                          /    \
                                       Spec    Fin'
                                              /    \
                                           Fin      IP
                                           的ₑ
```

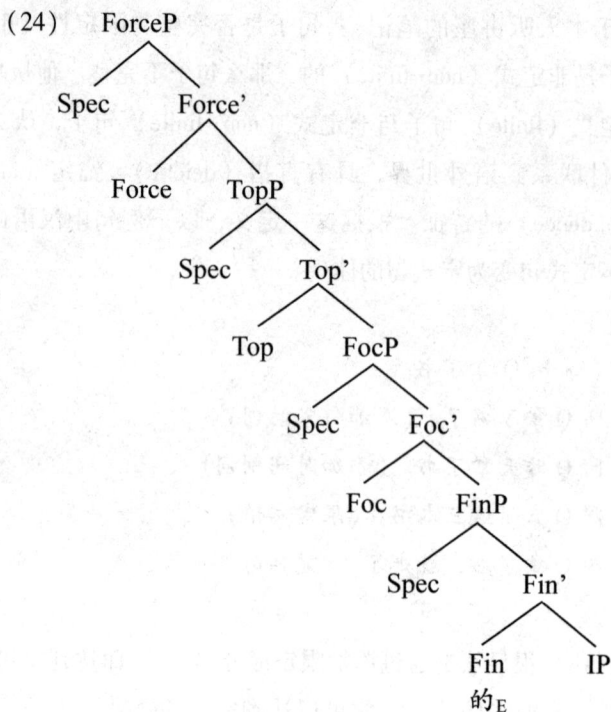

第三节　句法—韵律视角下的分裂句

一、分裂句的句法解析

接下来，我们继续考察分裂句。我们先来确定以下两个句子的句法结构。

（25）他是昨天来的。

首先我们需要确定"他"的位置。Li & Thompson（1976）曾依据一系列标准把世界上的语言做了以下划分：

主语突显的语言	话题突显的语言
印欧语言	汉语
尼日尔—刚果语言	拉祜语
芬诺—乌戈里克语言	傈僳语
闪米特语言	:
迪尔巴尔语	:
印度尼西亚语	
马拉加斯语	
:	
主语突显且话题突显的语言	主语不突显话题亦不突显的语言
日语	塔加路语
朝鲜语	伊洛卡诺语
:	:

其中，汉语是一种话题突显的语言。Li & Thompson（1976：467）认为："汉语中，话题总是居于句首"。事实上，在 Li & Thompson 之前，Chao（1968）赵元任先生已经指出："汉语句子中主语与谓语的语法意义与其说是动作者及其动作倒不如说是话题及其说明"（Chao，1968：69）。设他们这一观点正确，那么，将上面例句中的"他"处理为"话题"，应该没有问题。沈家煊（2013）也认为："汉语的主语其实就是话题"。

再来看"昨天""去年"的位置。根据 Ernst（2004：329-330），像"昨天""去年"这种定位时间（location-time）副词在句法树上的位置是附接于 TP。其例如下：

（26）［$_{TP}$ last year ［$_{TP}$ Tense ［ $_{PredP}$ in March ［ $_{PredP}$ the boys come back］］］］（Ernst，2004：329）

（27）［$_{TP}$ Last year ［$_{TP}$ in March ［$_{TP}$ Tense ［$_{PredP}$ on a Tuesday ［$_{PredP}$ the boys came back］］］］］（Ernst，2004：330）

用树形图表示，"昨天""去年"的位置应当如此：

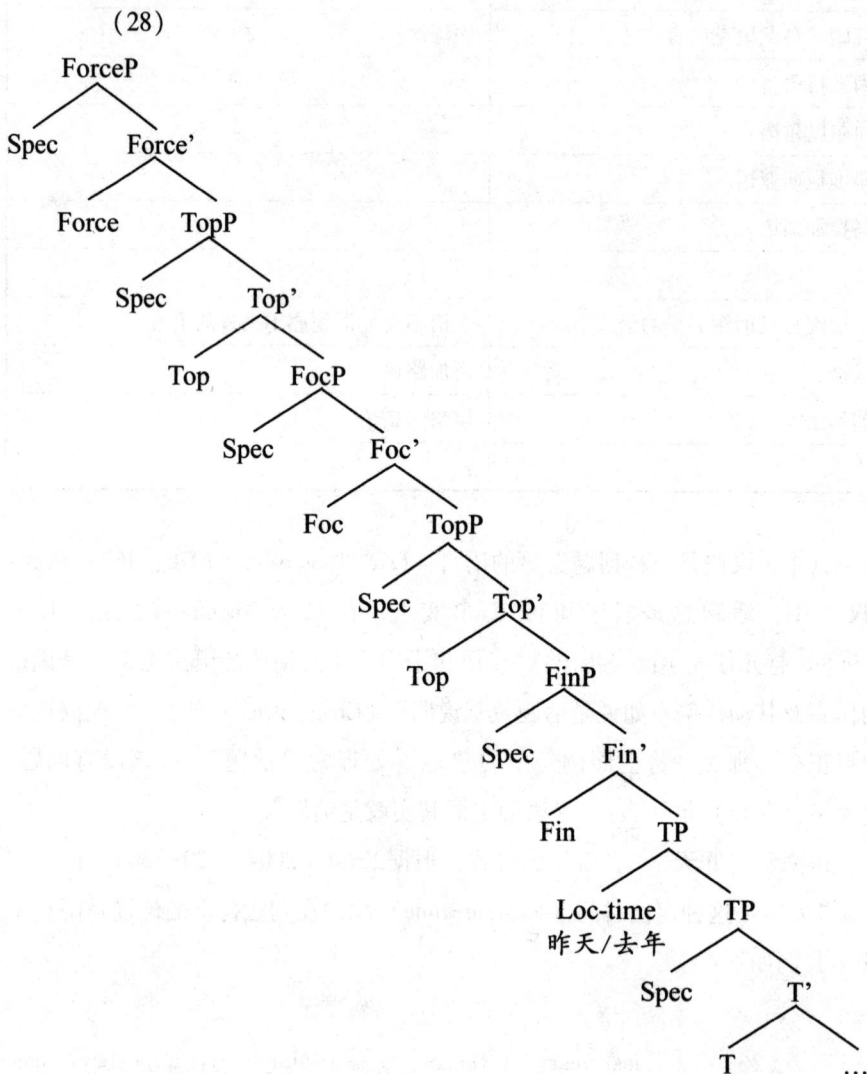

（28）

```
                    ForceP
                  /        \
               Spec        Force'
                          /      \
                       Force     TopP
                               /      \
                            Spec      Top'
                                     /     \
                                  Top       FocP
                                          /      \
                                       Spec      Foc'
                                                /     \
                                             Foc       TopP
                                                      /      \
                                                   Spec      Top'
                                                            /     \
                                                         Top       FinP
                                                                  /      \
                                                               Spec      Fin'
                                                                        /     \
                                                                     Fin       TP
                                                                              /    \
                                                                      Loc-time      TP
                                                                      昨天/去年      /   \
                                                                                 Spec    T'
                                                                                        /  \
                                                                                       T    …
```

再来看"是……的"的位置。有鉴于"的"是一个传信标记，其句法位置已经确定为 Fin，现在我们要讨论的主要就是"是"的位置。根据我们的观察，"是"应当位于 Foc 位置。我们的证据来自下面的语言事实：

（29）是张三打坏的花瓶。

（30）是张三打坏花瓶的。

上面谈到，汉语的主语即话题。也就是说，上两句中的"张三"当是占据话题位置。当然，这一话题应该是较低的话题。否则，"是"就无处可置。因此我们把"是"的句法位置定在 Foc，如下：

（31）

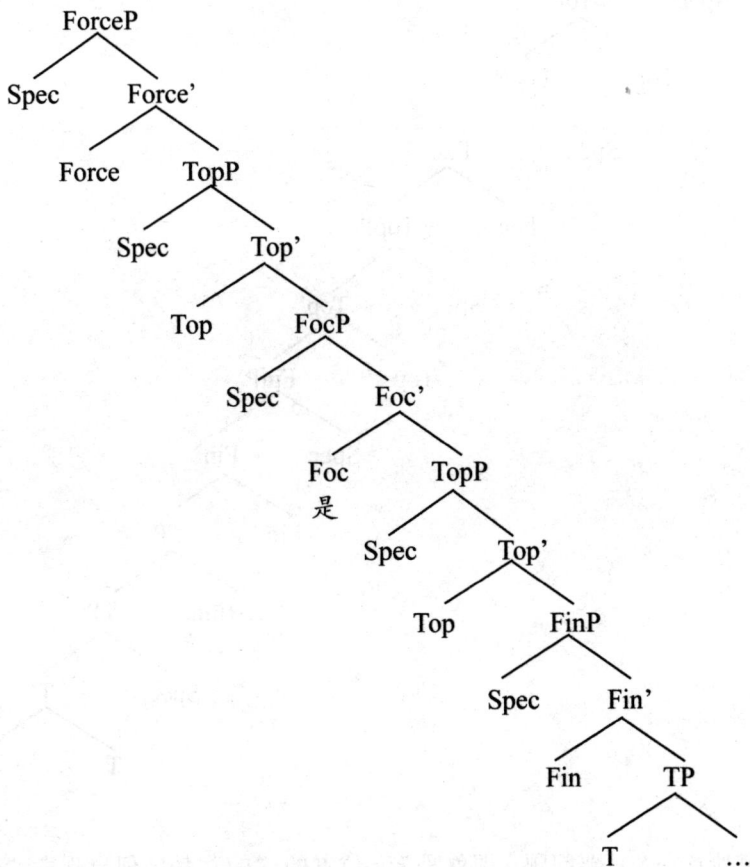

上面已经讨论了"的ₑ"位于 Fin 位置。如此一来，例句例（25）的句法结构应当做如下处理：

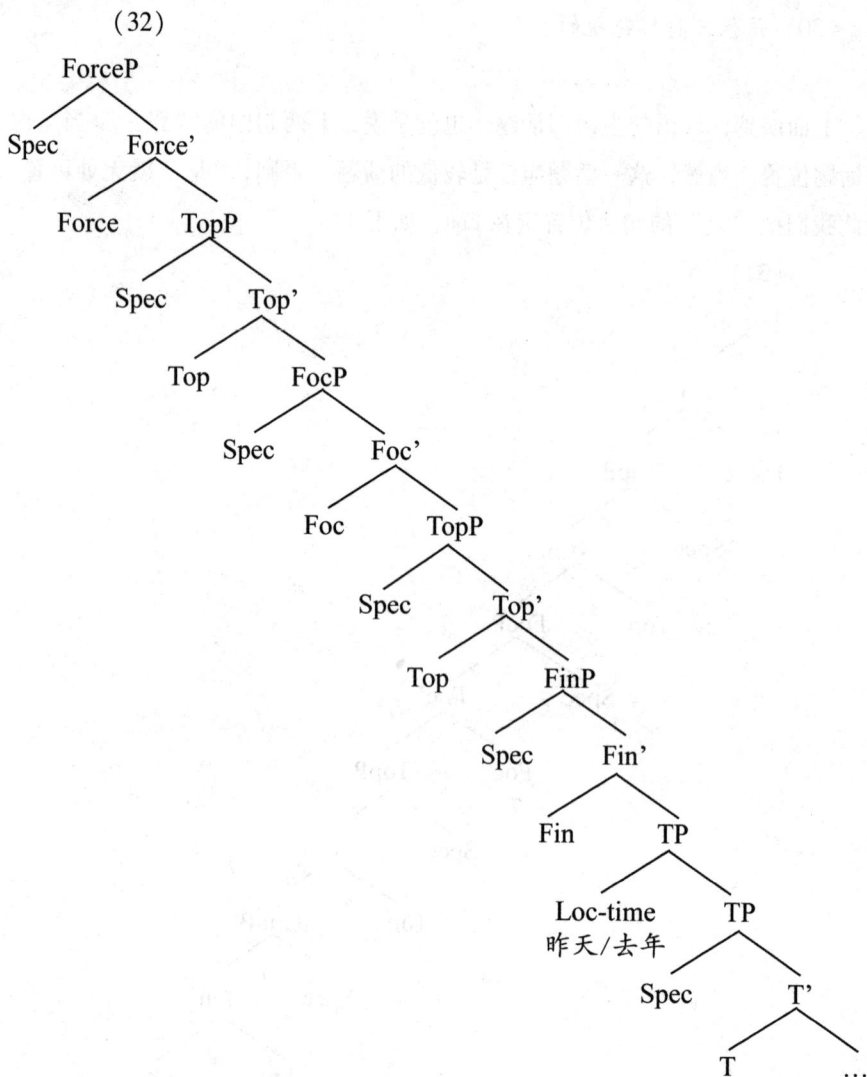

（32）

```
                    ForceP
                   /      \
                Spec     Force'
                        /      \
                    Force     TopP
                             /    \
                          Spec   Top'
                                /    \
                             Top    FocP
                                   /    \
                                Spec   Foc'
                                      /    \
                                   Foc    TopP
                                         /    \
                                      Spec   Top'
                                            /    \
                                         Top    FinP
                                               /    \
                                            Spec   Fin'
                                                  /    \
                                               Fin     TP
                                                      /    \
                                                 Loc-time   TP
                                                 昨天/去年   /    \
                                                         Spec    T'
                                                                /   \
                                                              T     …
```

这里涉及一个重要问题，那就是 Fin 位置的"的"是如何出现在"来"之后的？从技术上讲，这里应当存在两种可能的操作：一是让"来"（与

"昨天"一起）移上去（称之为 TP-提升）；二是让"的"降下来（称之为"的"降落）。我们先讨论第二种操作方案。

这里的"的"之所以能够降下来，其动因前面（第五章）已经讨论过，这应当与"的"的黏附性有关："的"作为一个黏附词，在韵律上是有缺陷的，它无法独立拼出，而必须（左向）贴附到一个语音寄主上方能呈现，因此很可能是在句法结构向 PF 投射的过程中发生了某种移位（遵循中心语移位原则），从而形成了"昨天来的"语序。虽然句法上它与"来"遥遥相望，但作为一个黏附成分，在音系结构上需要前附（王茂林，2005；庄会彬、刘振前，2012）。而"是……的"作为一个框式结构已经规约化和固化（Schmid，2020），不可能允许"的"并入"是"，是以，"的"前附的唯一的选择是句中的另一个动词"来"。当然，这一过程具体运作应当发生在句法操作之后（Embick & Noyer，2001），或者发生在韵律（与句法接口）层面。

然后，一旦涉及更多语料，"的"降落方案却又显得捉襟见肘。试看下面两个例子：

（33）他是去年生的孩子。
（34）他是去年生孩子的。

如果我们采用"的"降落这一操作，那么推导"生的孩子"完全没有问题，那就是"的"下降到"生"上。如下所示：

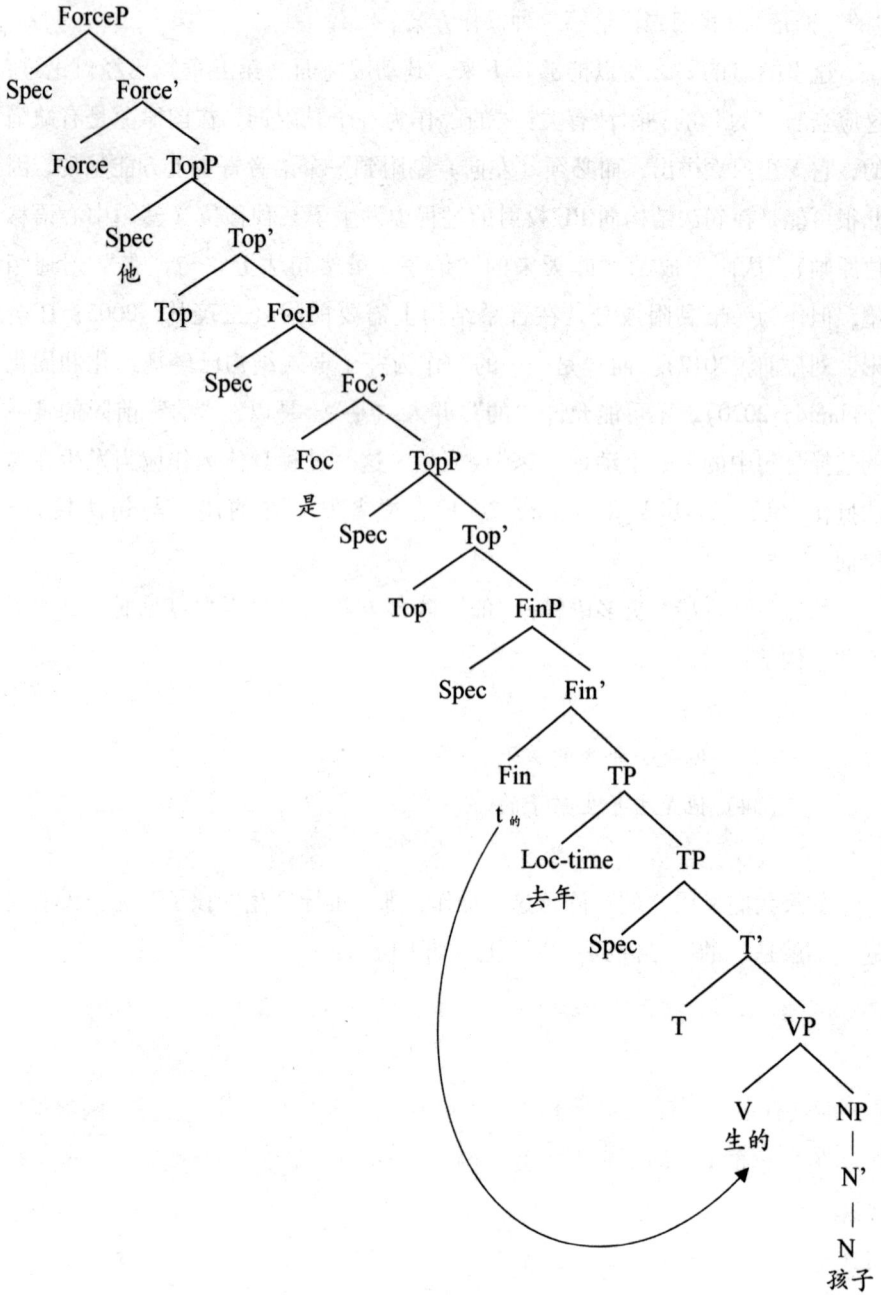

（35）

```
                    ForceP
                   /      \
                Spec     Force'
                        /      \
                    Force      TopP
                              /    \
                          Spec     Top'
                           他      /    \
                               Top      FocP
                                       /    \
                                   Spec     Foc'
                                           /    \
                                        Foc      TopP
                                         是      /    \
                                             Spec     Top'
                                                     /    \
                                                  Top      FinP
                                                          /    \
                                                      Spec     Fin'
                                                              /    \
                                                           Fin      TP
                                                          t 的      /    \
                                                               Loc-time   TP
                                                                去年      /    \
                                                                     Spec     T'
                                                                             /    \
                                                                            T      VP
                                                                                  /    \
                                                                                 V      NP
                                                                                生的     |
                                                                                        N'
                                                                                        |
                                                                                        N
                                                                                       孩子
```

　　然而，这一操作却是难以推导"他是去年生孩子的"这一句式的推导——毕竟，"的"即便是降落，也不应该贴附到"孩子"上，这违反了中心语移位限制（HMC）。

　　那么，提升的效果又是如何呢？事实上，早在 Simpson & Wu（2002），已对 TP 提升操作（当时称之为"IP-提升"）有过较好的讨论。其细节如下：

（36）

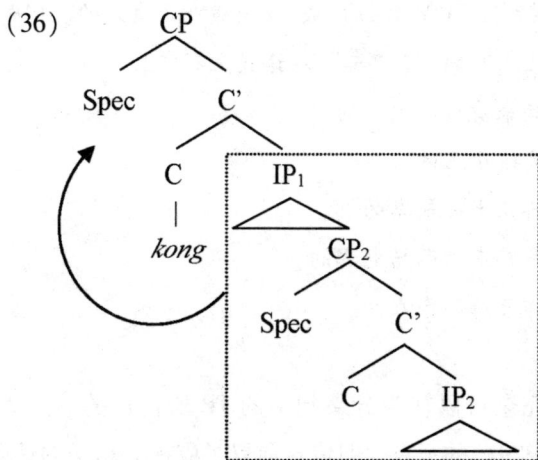

　　然而，Simpson & Wu（2002）的操作仍在早期的理论框架里展开，那么，在 CP 分裂理论框架里，提升的 IP 该置于哪个位置则颇为值得探讨一番。我们认为，提升后的 IP 应当位于 FocP 与 FinP 之间的位置。最好是较低的 TopP 位置。我们的理由是，分裂句中 TP 的信息多是旧信息。这一观察来自马学良、史有为（1982）。他们发现，"状语+动词+的"后面只能出现名词只能是有定的。其详细论述如下（其中 A 为表处所、时间、方式的状语，V 为动词，"的 b"即是本书中的"的E"，No 为意义上是动词宾语或者直接宾语的名词，Noi 为意义上是动词间接宾语的名词，Sa 为例（33）类句型，Sb 为例（34）类句型）：

3.1.2 "A V 的$_b$"后面只能出现 No（或者 Noi）。No 一般是有定的（指语义上，不一定在形式上表现出来）。无定的 No 一般不能进入 Sa 系列。例如：

> 你是什么时候买的这本书（No）？
>
> 我是昨天给的他（Noi）。
>
> *你是什么时候买的两本书？
>
> *我是昨天给的两个人。

Sb 也有同样情况，A V 后的 O 或 Oi 一般也是有定的。例如：

> 你是哪儿上车的。（"车"在语义上有定）
>
> 我是抱病来看这场电影的。
>
> 我是昨天给小王的。
>
> *你是哪儿上一辆车的。
>
> *我是抱病来看两场电影的。
>
> *我是昨天给两个人的。

既然如此，我们完全可以认为分裂句中的 TP 所传达的信息为旧信息。根据 Radford（2004：329）的观点，旧信息前置，应视为句子的话题（而不是焦点）。也就是说，"他是去年生的孩子"和"他是去年生孩子的"，其中"去年生""去年生孩子"之所以出现在"是……的"结构中通过话题化完成。如下：

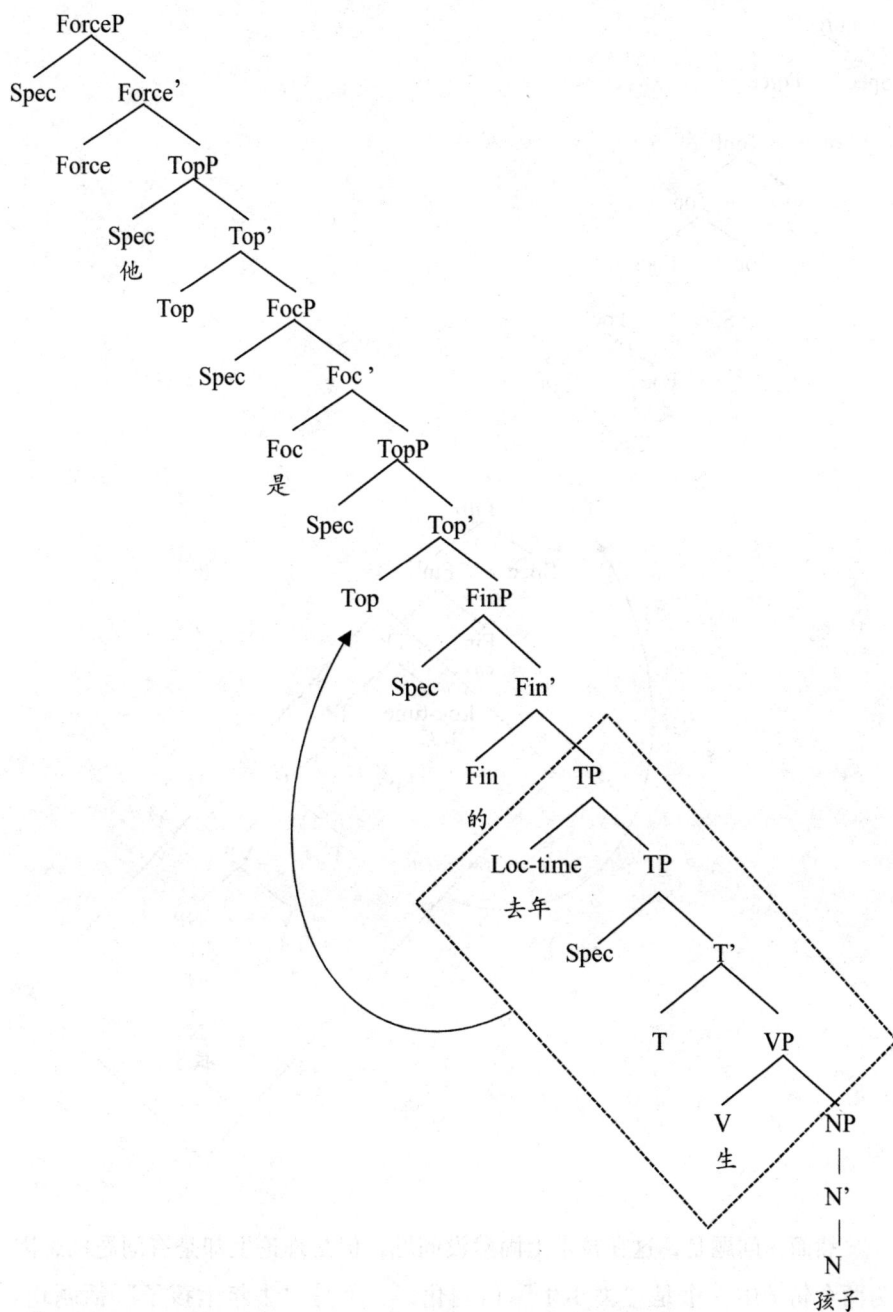

（37）

```
                    ForceP
                   /      \
                Spec      Force'
                         /      \
                    Force       TopP
                               /     \
                           Spec      Top'
                            他       /    \
                                  Top     FocP
                                         /     \
                                      Spec      Foc'
                                               /     \
                                            Foc       TopP
                                             是       /     \
                                                   Spec      Top'
                                                            /     \
                                                         Top       FinP
                                                                  /     \
                                                              Spec      Fin'
                                                                       /     \
                                                                    Fin       TP
                                                                     的      /    \
                                                                      Loc-time    TP
                                                                       去年      /    \
                                                                             Spec     T'
                                                                                     /    \
                                                                                  T      VP
                                                                                        /    \
                                                                                      V      NP
                                                                                      生      |
                                                                                             N'
                                                                                             |
                                                                                             N
                                                                                            孩子
```

（38）

ForceP
Spec　Force'
　　Force　TopP
　　　　Spec　Top'
　　　　他
　　　　　Top　FocP
　　　　　　Spec　Foc'
　　　　　　　Foc　TopP
　　　　　　　是
　　　　　　　　Spec　Top'
　　　　　　　　　Top　FinP
　　　　　　　　　　Spec　Fin'
　　　　　　　　　　　Fin　TP
　　　　　　　　　　　的
　　　　　　　　　　　　Loc-time　TP
　　　　　　　　　　　　去年
　　　　　　　　　　　　　Spec　T'
　　　　　　　　　　　　　　T　VP
　　　　　　　　　　　　　　　V　NP
　　　　　　　　　　　　　　　生　│
　　　　　　　　　　　　　　　　　N
　　　　　　　　　　　　　　　　　│
　　　　　　　　　　　　　　　　　N
　　　　　　　　　　　　　　　　　孩子

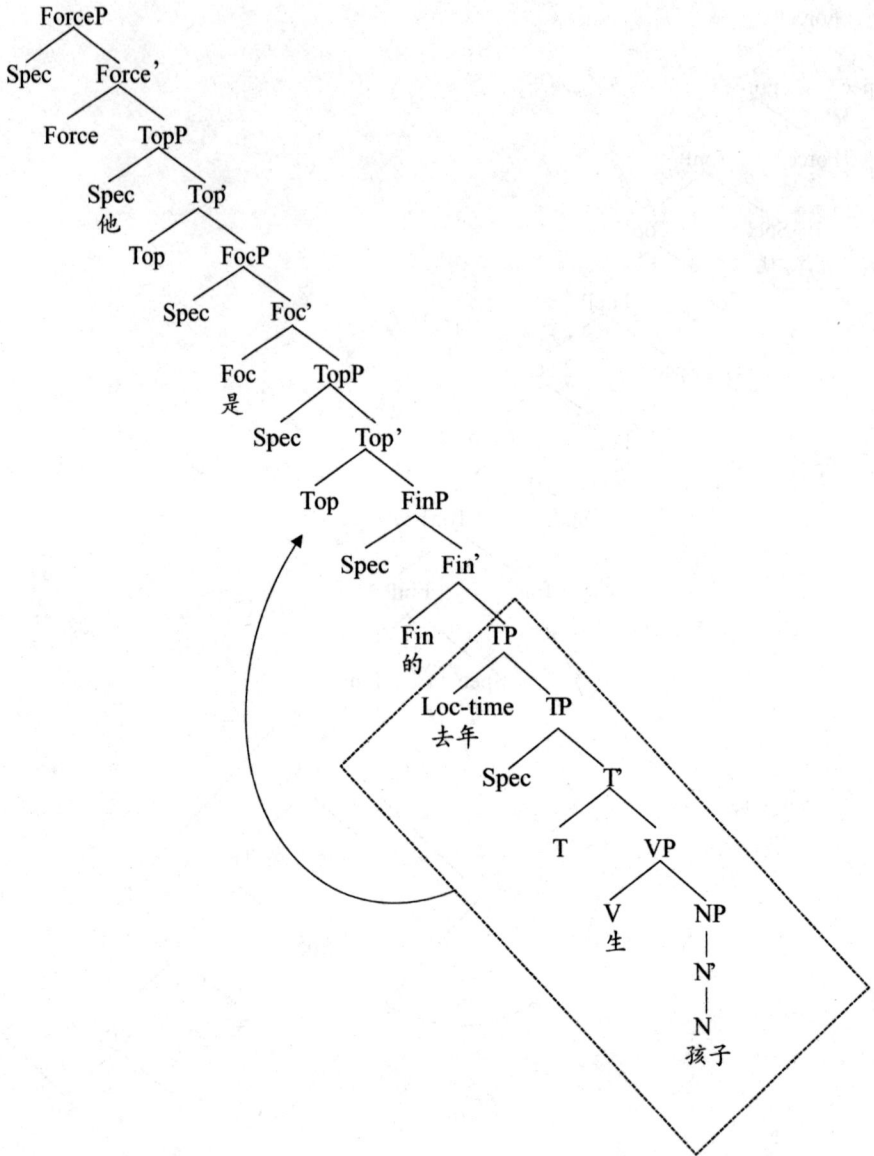

　　然而，问题是，这在技术上固然没问题，但是理论上却是有问题的，因为两个句子中一个是"去年生"话题化，一个是"去年生孩子"话题化。

VP 提升或许可以，V 提升应该也没问题，“ADV＋VP”提升也可以，但“ADV＋V”提升，而把 O 留在原地，就有问题了——要知道，V 与 O 的关系远远要比 ADV“去年”与动词“生”的关系紧密，毕竟“去年”只是附接在 TP 上而已。为什么“去年”和“生”可以话题化，而偏偏把“孩子”留在了原地（in situ）？

要解决例（33）、（34）的句法推导问题，我们不得不考虑另外一种方案，那就是将“的”所在 Fin 设置为左分支，如下：

（39）

```
                    ForceP
                   /      \
                Spec     Force'
                        /     \
                    Force     TopP
                             /    \
                          Spec    Top'
                           他     /   \
                                Top   FocP
                                     /    \
                                  Spec    Foc'
                                         /    \
                                      Foc     TopP
                                       是    /     \
                                          Spec    Fin'
                                                 /    \
                                               TP     Fin
                                              /  \     的
                                        Loc-time  TP
                                          去年   /   \
                                             Spec    T'
                                                    /   \
                                                   T    AspP
                                                       /    \
                                                    Spec    Asp'
                                                           /    \
                                                        Asp     VP
                                                               /   \
                                                            Spec    V'
                                                                   /   \
                                                                  V     NP
                                                                  生    孩子
```

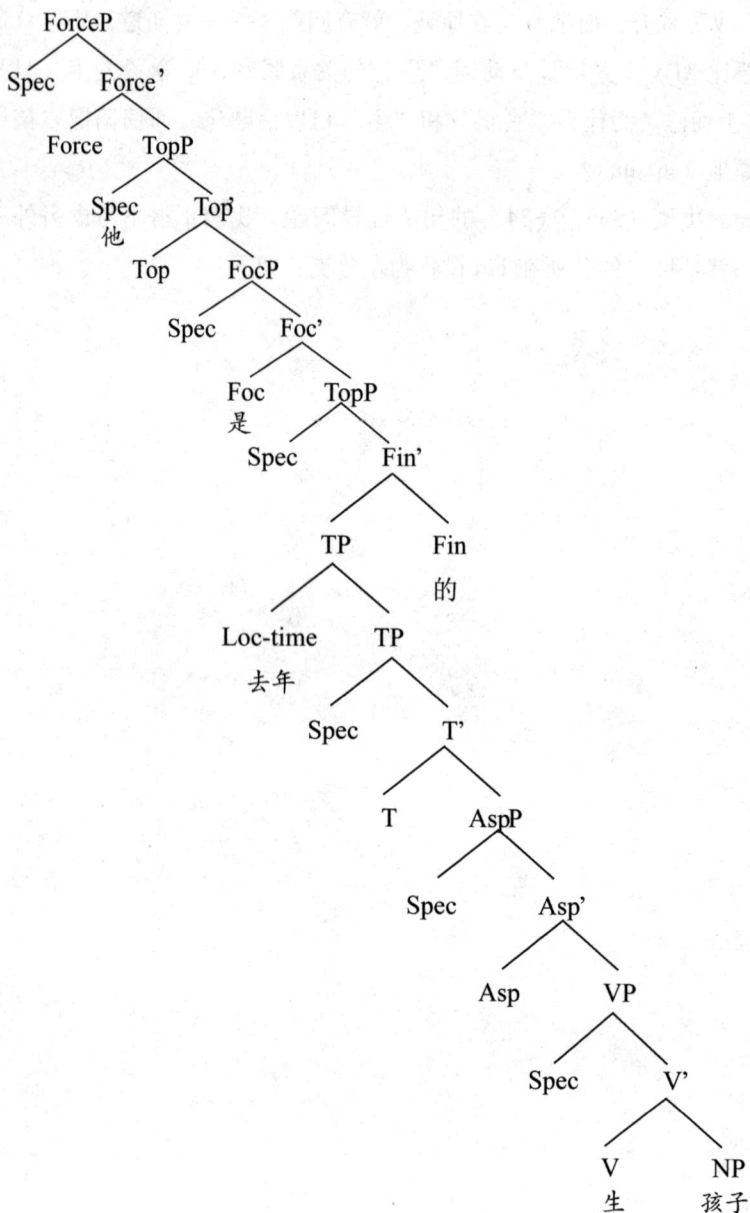

这一方案的好处是，它可以更容易地解释（33）中"的"与"生"结

合在一起——"的"降落即可；有可以解决（34）中"的"情况，"的"留在句尾同样不是问题。当然，这一方案也面临一个较为棘手的问题，那就是这一处理，难免要面对"后冠后制约"问题（Final-over-Final Constraint，简称FOFC）（Biberauer, Holmberg & Roberts, 2008, 2014；Biberauer, Newton & Sheehan, 2009；Bailey, 2010；Paul, 2008, 2014, 2015；Chan, 2013）。详述如 Biberauer, Holmberg & Roberts（2014：171）例（1）和例（3）：

（40）后冠后制约（The Final-over-Final Constraint）（非正式表达）

　　　中心语居后的短语 αP 不能统治中心语在前的短语 βP，其中

　　　α 与 β 为同一扩展投射①的中心语。亦即：

　　　* $[\beta P\cdots [\alpha P\cdots\alpha\ \gamma P]\ \beta\cdots]$

事实上，以往曾有不少学者在尝试对"了$_2$"（以及句末语气词）问题做出探讨时，也是考虑到 FOFC 的问题，不得不使之迂回实现，即将"了$_2$"（以及句末语气词）置于一右分支的最大投射下，令其占据中心语位置，最后再提升后面的补语成分最终实现其语序（Tang, 1998；Simpson & Wu, 2002；Lin, 2006；Takita, 2009）。然而，最近 Erlewine（2010, 2011, 2017）对于"了$_2$"的处理已经表明，较低的句末词不受 FOFC 的约束。如此一来，处于 Fin 位置的"的$_E$"应当可以规避 FOFC。

二、分裂句的韵律探究

分裂句还涉及韵律的问题，亦不容小觑。马学良、史有为（1982）已涉及这一问题。他们将带"的$_E$"的句子分成三类：②

Sa：T 是 A V 的 No

Sb：T 是 A V O 的

---

① 扩展投射（extended projection）的概念详见 Grimshaw（1991, 2005）。

② T 表示主语（施事），A 表示状语（处所、时间、方式），V 表示动词，O 表示宾语/直接宾语，No 表示名词（意义上是动词的宾语或直接宾语）。

Sc：T 是 A V 的

在此基础上，马学良、史有为（1982）重点讨论了单双音节在前两类句子中动词（V）与名词（O 或 No）的适用情况不同。他们发现：

> 一般来说，单音节趋向性动作动词对 Sa、Sb 是同样适用的；双音节时（可分离）只适用于 Sb。例如：
>
> Sa：我是昨天进的城。（单音节）
>
> Sb：我是昨天进城的。（单音节）
>
> Sa：＊我是昨天进去的城。（双音节）
>
> Sb：我是昨天进城去的。（双音节）
>
> 非趋向性动作动词时，对 Sa、Sb 均适用，但有程度不同。单音节动词（配合名词）在 Sa 中适用度较高，在 Sb 中有时较勉强。动词配合代词时，则在 Sb 中适用度较高，而在 Sa 中比较勉强。例如：
>
> Sa：他是昨天看的电影（/小说）。（名词）
>
> Sb：他是昨天看电影（/＊小说）的。（名词）
>
> Sa：我是前天给（/＊借）的他。（代词）
>
> Sb：我是前天给（/借）他的。（代词）
>
> Sa：我是这么批评（/? 描写）的他。（代词）
>
> Sb：我是这么批评（/描写）他的。（代词）

他们还以表格的形式做了情况汇总（"±"表示该配列比较勉强，或者有时能成立、有时不能成立）：

名词类别 \ 句型/动词类型/动词音节/名词音节	Sa 趋向性		Sa 非趋向性		Sb 趋向性		Sb 非趋向性	
	单音节	双音节	单音节	双音节	单音节	双音节	单音节	双音节
名词　单音节	+	−	+	−	+	+	±	−
名词　多音节	+	−	+	±	+	+	±	±
代词　单音节	−	−	±	±	−	−	+	+
代词　多音节	−	−	±	±	−	−	+	+

为了进一步说明问题，我们不妨再给出一些例子。

（41）a. 他是去年上的学

　　　b. 他是去年上学的

（42）a. 他是去年上的大学

　　　b. 他是去年上大学的

（43）a. 他去年考上的大学

　　　b. 他是去年考上大学的

（44）a. ＊他去年考上的学

　　　b. 他是去年考上学的

（45）a. ＊他是去年考上了的大学

　　　b. 他是去年考上了大学的

如果说上例还不能说明问题，我们再来看一组：

（46）a. 他是昨天关的窗

　　　b. 他是昨天关窗的

（47）a. 他是昨天关的窗子

　　　b. 他是昨天关窗子的

（48）a. 他是昨天关严的窗子

b. 他是昨天关严窗子的

（49）a. *他是昨天关严的窗

b. 他是昨天关严窗的

（50）a. *他是昨天关严实的窗子

b. 他是昨天关严实窗子的

可见，这里面还存在许多韵律机制的问题。事实上，这一问题的探讨可以追溯到二十世纪六十年代。吕叔湘（1963）即指出"2+2 的四音节也是现代汉语里的一种重要的节奏倾向"，并列举了五类现象（这里仅抄录三类与本章直接相关的动宾搭配例子）：

3.2 四音节的倾向表现在某些个组合里一个双音节成分要求另一个成分也是双音节。

（1）"进行、加以、予以"以及某些双音节副词的后面要求双音节动词，例如：

进行调查（研究，讨论，分析，实验）

加以整顿（考虑，审查，表扬，批评）

互相支持（倚赖，监督，利用，埋怨）

各自处理（解决，掌管，负担，照管）

共同使用（居住，管理，爱护，研究）

各自处理（解决，掌握，负担，照管）

一律看待（邀请，欢迎，接受，拒绝）

分别对待（处理，存放，讨论，答复）

日益巩固（增多，减少，繁荣，衰退）

这些双音动词都不能改用单音节，例如不说"*进行查，*加以整，*互相怨，*共同用，*各自管，*一律请，*分别放，*日益多"等。

（2）很多双音节动词要求后面名词至少有两个音节（单音节宾语限于代词），例如：

　　　调查事实　　　了解情况　　　发生作用

　　　操纵机器　　　管理图书　　　开垦荒地

这里的宾语都不能用单音节名词，例如不能说"＊管理书，＊开垦地"等。

（3）名词在前动词在后的组合（整个组合是名词性）同样要求名词至少是双音节。例如：

　　　钢铁生产　　　　余粮收购　　　　　货物运输

　　　地质勘探　　　　音乐欣赏　　　　　干部培养

这种组合更不能改成三音节，像"＊钢生产，＊粮收购，＊货运输"等。

吕叔湘（1963）这一发现，实际上提出了一个重大研究课题。也就是某些双音节词会要求跟它搭配的也是双音节词，两个双音节一搭配构成两个二音步（陈建民，1979）。这无疑在一定程度上解决了上面的双音节搭配双音节的问题（如"考上大学""关严窗子"）。至于为什么"考上学的""关严窗的"能说，而"＊考上的学""＊关严的窗"不能说，仍是与音步组配有关，上面已经谈到，"的"作为一个黏附词，需要向前贴附，那么"考上学的""关严窗的"在节律上就应读成"2+2"，而"＊考上的学""＊关严的窗"在节律上则是"3+1"，同理，"＊考上了的大学""＊关严实的窗子"也就得到了解释——"3+1"都被排除，遑论"4+2"了。

当然，这里还需要解释一个问题，为什么"考上了大学（的）""关严实窗子（的）"却读起来可以接受？这里，我们不能不注意到"考上了"中的"了"和"关严实"中的"实"是轻声。邓丹等（2008）曾考察了三类动结式带宾语显现，结果表明，声足调实的三音节动结式无法带宾语，而双音节以及带轻声的三音节动结式则可以。"考上了""关严实"可以带宾语的问题也是同样的道理，由于其中的"了"和"实"是轻声，自然可以带宾语。当然这里也可以用核心重音指派的理论来解释，根据冯胜利（2013：xxiii）的词体条件，"核心重音的指派必须是最小词"。"考上了""关严实"虽然是三音节，但"了""实"实际上读轻声，在韵律上相当于半个音节，并不具有占位功能。因此可以顺利指派核心重音。如下：

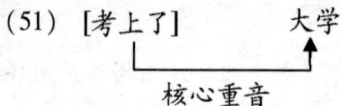

（51）　[考上了]　　　　大学
　　　　└─────────↑
　　　　　核心重音

那么，"＊考上了的大学""＊关严实的窗子"为什么不能说呢？原因是，这里面不仅仅有"了""实"，还涉及一个"的"，后者也相当于半个音节，与"了""实"结合已经相当于一个音节了，因此也就具有了占位功能。顺便说到，"＊考上的学""＊关严的窗"不能说也是出自韵律的问题。不管他们是看作"2+1"还是"3+1"，后面的"1"都不能满足音步的要求，故而遭到了排除。

第七章

结　语

一、各章回顾

本书从句法—韵律—句法视野对"的"展开探索，该书共分六章：

第一章回顾了"的"的研究历史及现状。主要是针对"的"的辨析与分类、位置与隐现以及有关"的"的特殊句式展开。在辨析与分类部分，我们从功用和语义上分别做了考察。之后还从历史来源方面对"的"的由来做了回顾。

第二章从句法的角度考察"的"的问题。基于对"的"的性质、分类以及历史渊源的考察，该章指出，认为"的$_3$"来源于中古汉语指代词的语言事实，能够为"的$_3$"充当 DP 中心语的假设提供支持。在此基础上，又运用 DP 假说对汉语中的一些特殊名词短语进行了处理。总体说来，DP 假说应用于汉语"的"字结构，有着较强的理据性和较高的应用价值，它不仅能够兼顾"的$_3$"的指代词历史来源特点（石毓智、李讷，1998，2001），还可以解释"的"与指代词"这/那"之间具有语法共性（曾美燕，2004），并且有助于更好地处理汉语中一些特殊"的"字结构。把部分"的"处理为 DP 的中心语有一定的可行性，完全可以用于汉语"的"字短语的研究。当然，目前 DP 假说应用于汉语的研究仍然困难重重，但既然已经有了较为全面的认识，看到了该方案的利与弊，就能做到扬长避短，推陈出新，在生成语法的框架内给"的"字短语一个恰当的解释。

当然，虽然 DP 假说应用于汉语的优点显而易见，但这一过程并非一帆风顺。它首先要面临传统质疑和排斥，同时还会遇到诸多技术上的难题。这里略述几条。

一、把"的₃"处理为 DP 的中心语无法保证与传统语法轻松接轨。一直以来，在结构主义的框架下，都视名词为名词短语的中心语；忽然之间，在"DP 假说"的框架内，"的"以及指代词被处理成了 DP 的中心语，必然引起"反语感"（周国光，2005）。

二、以"的₃"为 DP 中心语的方案，在处理复杂名词短语还不是那么得心应手，需要一一甄别。

三、除了多个"的"的名词短语之外，汉语中还经常会遇到"的"和限定语同现的情况，这时候如果坚持"的"为中心语，必然导致限定语难以处理，只能设置多个中心语。

四、另外，有关"的"的研究还涉及"的"的隐现问题，已有的研究（庄会彬，2014）表明，除了充当句法"的"（"的c"）之外，其他所有的"的"都有可能因为韵律问题隐而不现，从而使"的"的问题更加复杂。

第三章从韵律语法的视角考察了"的"字的作用。"的"作为一个黏附成分，本身在韵律上不能独立，而必须依附于毗邻的黏附组上。由于这一特点，"的"在构建汉语节律的过程中起到极其重要的作用。该章对韵律词法和韵律句法中的"的"分别予以考察，解释了"饲养军马的方法"等词法现象以及"我的老师没当成"等句法现象，从语言事实和理论研究两个角度阐明了"的"在韵律语法中的作用。在这一基础上，本书提出，就其来源来讲，"的"应分两类：纯粹由语法运作而生成的"的"以及韵律与语法交织而致的"的"。

第四章从韵律语法的角度，对"的"进行了考察，进而对"的"的隐现规律做了解释。我们认为，"的"作为一个黏附词，本身具有依附特点，对划分黏附组和韵律节奏起到决定性的作用，因此在韵律语法中有着重要的意义。利用这一特点以及经济原则，本章尝试对"的"进行了分类，并对"的"的隐现规律进行了探究。本章首先讨论了黏附词"的"在构建汉语黏附组中所起的重要作用，同时还讨论了经济原则对"的"隐现的影响。为进一步探讨"的"的隐现规律，本章还对"的"进行了重新分类，利用经济原则和韵律规则，对各类"的"的隐现规律做出了解释。"的"作为黏附词，本身具有依附特点，对黏附组的划分和韵律节奏起决定作用，因此在韵律语法中有着重要的意义。该章探讨"的"这一特点，提出了"的"重新分类主张，进而对"的"的隐现规律进行了探究，结论如下：充当标句语的"的$_C$"必须出现；表领属的"的$_B$"与独立"的"结构中的"的$_D$"出现与否，受经济原则和韵律规则的制约；韵律性的"的$_P$"出现与否由韵律决定。

该章的立足点与以往的研究有所不同。以往的研究通常默认中心语的修饰成分从词库中一提取出来便已是羽翼丰满了——凡是可以带"的"中心语修饰成分带有"的"，之后，经过一番同音删略，最终只保留一到两个"的"（一般不超过三个）。而本研究的观点是，除了语法性的"的$_S$"之外（"的$_S$"是经过句法推导而成的），中心语的各种修饰成分从词库提取出来时并不带有"的$_P$"，"的$_P$"则是出于韵律需要在音系层面上插入的。另外，由于经济原则和韵律规则的共同作用，多项同类的"的"如连续出现有可能共用一个；独立"的"字结构中的"的$_D$"也有可能会隐去。

第五章将"的"放在句法—韵律互动的视角下审视。句法上来讲，汉语的"的$_3$"实际上是一个D成分，它的介入势必导致一个句法词转换成DP短语。而从韵律上来讲，"的"又是一个黏附成分，它的出现会强制切分黏附组，如果插入到句法词当中，该句法词将无法再识读为"词"，而只能识读为"语"。也就是说，句法词与"的"字短语形似而神异，其差别主要来自"的"的句法本质和韵律特征。可见，"的"的性质，对句法词研究关系重大，要真正把握"的"的本质，就必须了解它在句法、韵律方面的性质和表现。

第六章对分裂句中的"的"（包括语气词"的"，记作"的$_E$"）做了讨论。在回顾以往文献对"的$_E$"处理的基础上，本书采纳了语气词观，并在此基础上赋予其句法地位，即FinP的中心语成分，并从句法和韵律上给予"的$_E$"以解析和探究。

二、简短总结

对于"的"的考察，须得从多个角度审视。通过前面几章的讨论，我们可以得出：

"的$_3$"：句法上是一个 D 成分，韵律上黏附成分、界限标记

（第二章）

"的$_{1/2}$"：韵律上黏附成分、界限标记　　　（第五章）

"的$_E$"：传信标记　　　　　　　　　　　（第六章）

"的$_C$"：句法上的中心语　　　　　　　　（第二章）

"的$_P$"：韵律切分　　　　　　　　　　　（第三章）

也就是说，"的$_{1/2}$"表面是一个修饰语（Modifier）标记，其实更大的作用却是在韵律上凑足音步，切分韵律组；"的$_S$"（包括"的$_3$"和"的$_C$"）虽然有其句法功能，也同样具备韵律功能；至于，其功能主要体现在韵律方面。几种"的"可以组成一个连续统（continuum）：

$$的_{S(3/C)} ------- 的_{1/2} ------- 的_P$$

三、遗留问题

本书的研究，虽然对"的"的定性做了探讨，对"的"所出现的位置及其隐现做了思考，但囿于笔者的学识和见解，对涉及"的"的语序及其造成的语义差异问题却未能着墨。如下面的例句（引自刘丹青，2008：8）：

（1）a. 三本新的书　～　b. 新的三本书

（2）a. 我看过的所有电影　～　b. 所有我看过的电影

（3）a. 这张红木的桌子　～　b. 红木的这张桌子

（4）a. 一些/那些正在散步的悠闲的老人　～　b. 正在散步的一些/那些悠闲的老人　～　c. 正在散步的悠闲的一些/那些老人

（1）～（4）所呈现的现象，学界称为"漂移"（刘丹青，2008）。事实

上，这一点很早就有学者注意到，如丁声树等（1961：47）举了一个经典的例子：

(5) 举起他那双又粗又黑的手

(6) 举起他那又粗又黑的一双手

(7) 举起他又粗又黑的那双手

丁声树等（1961：48）指出，这里的"又粗又黑的"这个修饰语，无论在前在后，都只有描写作用。当然，他们同时也注意到了，语序漂移并不是任性的，有时候还会遇到很多限制或者造成语义和/或语用上的差异。如下（引自丁声树等，1961：48）：

(8) 我把新买的那支钢笔丢了。（暗示我还有。）

(9) 我把那支新买的钢笔丢了。（不暗示什么。）

他们发现，一般而言，指示代词的位置可以区别修饰语的作用（数量词的位置没有关系）：在它前头的，限制（择别）的作用多于描写；在它后头的，描写的作用多于限制。对此，Chao（1968）、吕叔湘（1985）、陆丙甫（2003）还有进一步的讨论。其中，陆丙甫（2003）的观察尤为洞见。他发现，"的"的基本功能是语义层面的描写；而在一定的语境下（譬如位置在指示代词之前时）还可能会派生出语用层面的限制甚至指称功能。

另外，陆丙甫（2005）还提出了"可别度领前原理"："如果其他一切条件相同，那么对所属名词短语可别度贡献高的定语总是前置于贡献低的定语"（第10页，表述三）；换句话说，可别度高的成分在语序上要领先于可别度低的成分。"我"比"红"更容易识别，所以"我的红苹果"成立，而"红我的苹果"不成立。这条原理也进一步解释了"对立项原则"，因为对立项越少，越容易识别，可别度就越高。

未来的研究，如有可能，希望能够从句法—韵律视角在这方面做出开拓。

参考文献

[1] ABNEY S. The English Noun Phrase in its Sentential Aspect [D]. Massachusetts: Massachusetts Institute of Technology, 1987.

[2] ABOH E O. Topic and focus within D [J]. *Linguistics in the Netherlands*, 2004, 21: 1-12.

[3] BAILEY L R. Sentential word order and the syntax of question particles [J]. *Newcastle Working Papers in Linguistics*, 2010, 16: 23-43.

[4] BIBERAUER T, HOLMBERG A, ROBERTS I. Roberts. Structure and linearization in disharmonic word orders [C] // *Proceedings of WCCFL* 26, 2008: 96-104.

[5] BIBERAUER T, HOLMBERG A, ROBERTS I. A Syntactic Universal and Its Consequences [J]. *Linguistic Inquiry*, 2014, 45: 169-225.

[6] BIBERAUER T, NEWTON G, SHEEHAN M. Limiting synchronic and diachronic variation and change: The Final-over-Final Constraint [J]. *Language and Linguistics*, 2009, 10: 701-743.

[7] BLOOMFIELDL. *Language* [M]. New York: Holt, Rinehart and Winston, 1933.

[8] CHAN B H - S. Sentence - final particles, complementizers, antisymmetry, and the Final - over - Final Constraint [C] // BIBERAUER T, SHEEHAN M. *Theoretical approaches to disharmonic word orders*. Oxford: Oxford

University Press, 2013: 445-468.

[9] CHAOY R. *A Grammar of Spoken Chinese* [M]. Berkeley: University of California Press, 1968.

[10] CHENGL L-S, SYBESMA R. Bare and Not-so-Bare Nouns and the Structure of NP [J]. *Linguistic Inquiry*, 1999, 30: 509-542.

[11] CHENG L L-S, SYBESMA R. Classifiers in Four Varieties of Chinese [C] // CINQUE G, KAYNE R S. *The Oxford Handbook of Comparative Syntax*. New York: Oxford University Press, 2005, 259-292.

[12] CHENGL L-S, SYBESMA R. De 的 as an Underspecified Classifier: first explorations [J], 语言学论丛, 2009, 39: 123-156.

[13] CHOMSKY N. *The Minimlist Program* [M]. Cambridge, Mass: The MIT Press, 1995.

[14] CHOMSKY N. Three Factors in Language Design [J]. Linguistic Inquiry, 2005, 36: 1-22.

[15] CHOMSKY N, HALLE M. *Sound Pattern of English* [M]. New York: Harper & Row, 1968.

[16] CRYSTAL D A. *Dictionary of Linguistics and Phonetics* [M]. 沈家煊, 译. 北京: 商务印书馆, 2000.

[17] DAI J X L. *Chinese Morphology and Its interface with the Syntax* [D]. Dhio: Ohio State University, 1992.

[18] DAI J X L. Syntactic, phonological, and morphological words in Chinese [C] // PACKARD J L. *New Approaches to Chinese Word Formation: Morphology, Phonology, and the Lexicon in Modern and Ancient Chinese*. Berlin: Mouton de Gruyter, 1997: 103-134.

[19] DARZI A, BEYRAGHDAR R M. A minimalist approach to the landing site of Persian topics [J]. *Journal of Researches in Linguistics*, 2010, 2 (1): 1-18.

[20] DUANMU S. Wordhood in Chinese [C] // PACKARD J L. *New Ap-*

proaches to Chinese Word Formation: Morphology, Phonology, and the Lexicon in Modern and Ancient Chinese. Berlin: Mouton de Gruyter, 1997: 135-196.

[21] EMBICKD, NOYER R. Movement Operations after Syntax [J]. *Linguistic Inquiry*, 2001, 32 (4): 555-595.

[22] ERLEWINE M Y. Sentence-final *only* and the interpretation of focus in Mandarin Chinese [C] // *The Proceedings of the 22nd North American Conference of Chinese Linguistics* (*NACCL* 22) *and the* 18th *Annual Meeting of the International Association of Chinese Linguistics* (*IACL* 18), 2010: 18-35.

[23] ERLEWINE M Y. Sentence – final particles at the vP phase edge [C] // *Proceedings of the* 25th *North American Conference of Chinese Linguistics* (*NACCL* 25), 2011.

[24] ERLEWINE M Y. Low sentence-final particles in Mandarin Chinese and the Final-over-Final Constraint [J]. *Journal of East Asian Linguistics*, 2017, 26: 37-75

[25] ERNSTT. *The Syntax of Adjuncts* [M]. Cambridge: The Cambridge University Press, 2004.

[26] FRASCARELLIM. *The Syntax – Phonology Interface in Focus and Topic Constructions in Italian* [M]. Dordrecht/Boston/London: Kluwer Academic Publishers, 2000.

[27] GIUSTI G. *La sintassi dei determinant* [M]. Padova: Unipress, 1993.

[28] GRIMSHAW J. Extended projection. Ms., Brandeis University, 1991.

[29] GRIMSHAW J. Extended projection and locality [C] // COOPMANS P, EVERAERT M, GRIMSHAW J. *Lexical specification and insertion*. Amsterdam: John Benjamins, 2001: 115-133.

[30] GRIMSHAW J. *Words and Structure* [M]. Stanford, CA: CSLI Publications, 2005.

[31] HAEGEMAN L. Inversion, non-adjacent inversion and adjuncts in CP [J]. *Transactions of the Philological Society*, 2000, 98: 121-160.

[32] HAYES B. The prosodic hierarchy in meter [C] // KIPARSKY P, YOUMANS G. *Rhythm and Meter*. Orlando, FL: Academic Press, 1989, 2: 1-60.

[33] LI C N, THOMPSON S A. Subject and Topic: A New Topology of Language [C] // LI C. Subject and Topic. New York: Academic Press, 1976: 457-489.

[34] HUANG C -T J. *Logical relations in Chinese and the theory of grammar* [D]. Cambridge, MA: MIT, 1982.

[35] HUANG C -T J. Verb movement, (in) definiteness, and the thematic hierarchy [C] // PAUL J-K L, HUANG C-R, LIN Y-C. *Proceedings of the Second International Symposium on Chinese Languages and Linguistics*. Taipei: Academia Sinica, 1991: 481-498.

[36] HUANG C -T J. Verb Movement and Some Syntax-Semantics mismatches in Chinese [J]. *Chinese Languages and Linguistics*, 1994, 2: 587-613.

[37] HUANG C -T J. On Lexical Structure and Syntactic Projection [J]. *Chinese Languages and Linguistics*, 1997, 3: 45-89.

[38] HUANG C -T J. *On Syntactic Analyticity and the Other End of the Parameter.* [R] //Lecture notes from LSA 2005 Linguistic Institute course. Boston: Harvard University, 2005.

[39] HUANG C -T J. Phrase Structure, Lexical Integrity, and Chinese Compounds [J]. *Journal of the Chinese Language Teachers Association*, 1984, 19 (2): 53-78.

[40] HUANG C -T J, Li A Y-H, Li Y. *The Syntax of Chinese* [M]. New York: Cambridge University Press, 2009.

[41] INKELAS S, ZEC D. *The Phonology - Syntax Connection* [M]. Chicago: University of Chicago Press, 1990.

[42] INKELAS S, ZECD. Syntax-phonology interface [C] // GOLDSMITH J. *The Handbook of Phonological Theory*. Oxford: Blackwell, 1995: 535-549.

[43] ISAC D, KIRK A. The split DP hypothesis evidence from Ancient

Greek [J]. *Rivista di Grammatica Generativa*, 2008, 33: 137-155.

[44] ISHANE T, PUSKAS G. Specific is Not Definite [C] // SHLONSKY U, IHSANE T. *Generative Grammar in Geneva*, vol. 2. Geneva: University of Geneva, 2001, 39-54.

[45] JACKENDOFF R. Compounding in the Parallel Architecture and Conceptual Semantics [C] // LIEBER R, STEKAUER P. *The Oxford Handbook of Compounding*. Oxford: Oxford University Press, 2009: 105-128.

[46] JEFFERS R J, ZWICKY A. The evolution of clitics [C] // TRANUGOTT E C, LABRUM R, SHEPHERD S C. *Papers from the 4ᵗʰ International Conference on Historical Linguistics*. Amsterdam: Benjamins, 1980: 221-231.

[47] KANERVA J. Focusing on Phonological Phrase in Chichewa [C] // INKELAS S, ZEC D. *The Phonology-Syntax Connection*. Chicago: The University of Chicago Press, 1990: 145-161.

[48] KARIAEVA N. Determiner Spreading in Modern Greek: Split DP Hypothesis [D]. New Jersey: Rutgers University, 2001.

[49] KEARNSK. *Semantics* [M]. Beijing: World Publishing Corporation, 2013.

[50] KENESEII, VOGEL I. *Focus and Phonological Structure* [Z]. Manuscript, University of Cambridge and University of Budapest, 1990.

[51] LAENZLINGER C. French adjective ordering: perspectives on DP internal movement types [J]. *Lingua*, 2005, 115: 645-689.

[52] LARSON R. on the double object construction [J]. *Linguistic Inquiry*, 1988, 9: 335-391.

[53] LI C N, THOMPSON S A. *Mandarin Chinese: A Functional Reference Grammar* [M]. Berkeley: University of California Press, 1981.

[54] LIN T-H J. *Complement-to-specifier movement in Mandarin Chinese* [Z]. Manuscript, National Tsing Hua University, 2006.

[55] MARTINET A. *A Functional View of Language* [M]. Oxford:

Clarendon Press, 1962.

[56] MCCAWLEY, J. Justifying Part of Speech Assignments in Mandarin Chinese [J]. *Journal of Chinese Linguistics*, 1992, 20: 211-246.

[57] MUGGLESTONE L. The Oxford history of the English language [M]. Oxford: Oxford University Press, 2006.

[58] MUNAKATA T. Japanese topic-constructions in the minimalist view of the syntax-semantics interface [C] // BOECKX C. *Minimalist Essays*. Amsterdam/ Philadelphia: John Benjamins Publishing Company, 2006: 115-159.

[59] MUNARO N. On some differences between interrogative and exclamative wh-phrases in Bellunese: further evidence for a split-CP hypothesis [C] // TORTORA C. *The Syntax of Italian Dialects*. Oxford / New York: Oxford University Press, 2003: 137-151.

[60] NESPOR M. *Fonologia* [M]. Bologna: Il Mulino, 1993.

[61] NESPOR M, VOGEL I. Prosodic structure above the word [C] // CUTLER A, LADD D R. *Prosody: Models and Measurements*. Berlin: Springer, 1983: 123-140.

[62] NESPOR M, VOGEL I. *Prosodic Phonology* [M]. Dordrecht: Foris, 1986.

[63] NESPOR M, VOGEL I. *Prosodic Phonology: With A New Foreword* [M]. Berlin: Mouton de Gruyter, 2007.

[64] NEWMEYER F J. On Split CPs and the "perfectness" of language [C] // SHAER B, COOK P, FREY W, MAIENBORN C. *Dislocated Elements in Discourse: Syntactic, Semantic, and Pragmatic Perspectives*. London: Routledge, 2009: 114-140.

[65] NING C Y. De as a functional head in Chinese [R]. Paper presented at the annual forum of the Linguistic Society of Hong Kong, Hong Kong, 1995.

[66] NING C Y. De as a functional head in Chinese [C] // AGBAYANI B, TAKEDA K, TANG S-W. *Working Papers in Linguistics*. University of California,

Irvine, 1996.

[67] PAUL W. *Consistent disharmony*: *Sentence - final particles in Chinese* [R]. Talk presented at the Workshop on Particles, University of Cambridge, 2008-10-30.

[68] PAUL W. Why particles are not particular: Sentence−final particles in Chinese as heads of a split CP [J]. *Studia Linguistica*, 2014, 68: 77-115.

[69] PAULW. *New perspectives on Chinese syntax* [M]. Berlin: De Gruyter Mouton, 2015.

[70] PULLUM G K, ZWICKY A M. The syntax - phonology interface [J]. *Linguistics*: *The Cambridge Survey*, 1988, 1: 255-280.

[71] QUIRK R et al. *A Comprehensive Grammar of the English Language* [M]. 苏州大学《英语语法大全》翻译组，译. 上海：华东师范大学出版社，1989.

[72] RADFORD A. *Transformational Grammar*: *A First Course* [M]. Beijing: Foreign Language Teaching and Research Press, 2000.

[73] RADFORD A. Minimalist Syntax [M]. Cambridge: Cambridge University Press, 2004.

[74] RADFORD A, ATKINSON M, BRITAIN D, CLAHSEN H, SPENCER A. *Linguistics*: *An Introduction* [M]. Cambridge: Cambridge University Press, 2009.

[75] RIZZI L. The fine structure of the left periphery [C] //HAEGEMAN L. *Elements of Grammar*. Dordrecht: Kluwer Academic Publishers, 1997: 281-337.

[76] RIZZI L. On the Position "Int (errogative)" in the Left Periphery of the Clause [C] // CINQUE G, SALVI G. *Current Issue in Italian Syntax*. Amsterdam: Reed Elsevier Group PLC, 2001: 287-296.

[77] RIZZI L. Locality and Left Periphery [C] // BELLETTI A. *Structures and Beyond*: *The Cartography of Syntactic Structures*, vol. 3. Oxford: Oxford University Press. 2004: 223-251.

[78] RIZZI L. Cartography, criteria and labelling [C] // SHLONSKY U.

Beyond Functional Sequence: The Cartography of Syntactic Structures, vol. 10. Oxford: Oxford University Press, 2015: 314-338.

[79] ROSS C. On the Function of Chinese*de* [J]. *Journal of Chinese Linguistics*, 1983, 11: 214-246.

[80] ROSSC. Grammatical Categories in Chinese [J]. *Journal of Chinese Language Teachers Association*, 1984, 2: 1-22.

[81] SCHMID H-J. *The Dynamics of the Linguistic System: Usage, Conventionalization, and Entrenchment* [M]. Oxford: Oxford University Press, 2020.

[82] SELKIRKE. *Phonology and Syntax: The Relation Between Sound and Structure* [M]. Cambridge: MIT Press, 1984.

[83] SELKIRK E. On derived domains in sentence phonology [J]. *Phonology*, 1986, 3 (1): 371-405.

[84] SELKIRK E. The syntax-phonology interface [C] // SMELSER N J, BALTES P B. *International Encyclopedia of the Social and Behavioral Sciences*. Oxford: Pergamon, 2001: 15407-15412.

[85] SHI Y. *The Establishment of Modern Chinese Grammar: The formation of the resultative construction and its effects* [M]. Amsterdam: John Benjamins, 2002.

[86] SHIH C-L. The Prosodic Domain of Tone Sandhi in Chinese [D]. San Diego: University of California, 1986.

[87] SHYU S. *The Syntax of Focus and Topic in Mandarin Chinese* [D]. Los Argeles: University of Southern California, 1995.

[88] SIMPSON A. Definiteness Agreement and the Chinese DP [J]. *Language and linguistics*, 2001, 2 (1): 125-156.

[89] SIMPSON A. On the status of modifying de and the structure of the Chinese DP [C] // TANG S W, LIU C - S. *On the formal way to Chinese languages*. CSLI, 2002: 74 - 101.

[90] SIMPSON A, WU Z. IP-raising, Tone Sandhi and the creation of S-final particles: evidence for cyclic spell-out [J]. *Journal of East Asian Linguistics*,

2002, 11: 67-99.

[91] SPENCERA. *Morphological Theory* [M]. Oxford: Blackwell, 1991.

[92] SPROAT R, SHIH C. The Cross-Linguistic Distribution of Adjective Ordering Restrictions [C] // GEORGOPOULOS C, ISHIHARA R. *Interdisciplinary Approaches to Language: Essays in Honor of S. -Y. Kuroda*. Dordrecht: Kluwer Academic Publishers, 1991: 565-593.

[93] SYBESMA R. Finiteness and Chinese [R]. Lecture presented at the Chinese University of Hong Kong. November 23, 2016.

[94] TAKITA K. If Chinese is head-initial, Japanese cannot be [J]. *Journal of East Asian Linguistics*, 2009, 18: 41-61.

[95] TAN F. Covert Category Change in Isolating Languages: The Case of Modern Chinese [J]. *Linguistics*, 1993, 31: 737-748.

[96] TANG C-C J. *Chinese Phrase Structure and the Extended X' Theory* [D]. New York: Cornell University, 1990.

[97] TANG S-W. *Parametrization of features in syntax* [D]. Irvine: University of California, 1998.

[98] TOKIZAKI H. Prosodic phrasing and bare phrase structure [C] // TAMANJI P N, HIROTANI M, HALL N. *Proceedings of the North East Linguistic Society* 29, Vol. 1. Amherst: University of Massachusetts, 1999: 381-395.

[99] TOKIZAKI H. Pause and hierarchical structure in sentence and discourse [C] //AURAN C, BERTRAND R, CHANET C, COLAS A, DI CRISTO A, PORTES C, REYNIER A, VION M. *Proceedings of the IDP05 International Symposium on Discourse-Prosody Interfaces*. Université de Province, 2005: 1-16.

[100] TOKIZAKI H. Intrasentential prosody: conjunction, speech rate and sentence length [J]. *Nouveaux Cahiers de Linguistique Française*, 2007, 28: 359-367.

[101] TRUCKENBRODT H. The syntax-phonology interface. [M] //DE

LACY P The Cambridge Handbook of Phonology, Cambridge: Cambridge University Press, 2007: 435–456.

[102] TSAI W-T D. *On Economizing the Theory of A - Bar Dependencies* [D]. Massachusetts: MIT, 1994.

[103] TSAO F-F. *Sentence and Clause Structure in Chinese: A Functional Perspective* [M]. Taipei: Student Book Co. Ltd, 1990.

[104] VAN CRAENENBROECK J. *The Syntax of Ellipsis* [M]. Oxford/New York: Oxford University Press, 2010.

[105] VOGEL I. The status of the Clitic Group [C] // GRIJZENHOUT J, KABAK B. *Phonological Domains: Universals and Deviations*. Berlin & New York: Mouton de Gruyter, 2009: 15–46.

[106] WADE T F. 语言自迩集 (*YÜ YEN TZ ÊRH CHI*): *A Progressive Course Designed to Assist the Student of Colloquial Chinese as Spoken in the Capital and The Metropolitan Department* (*VOL. II*) [M]. Shanghai: The Statistical Department of the Inspectorate General of Customs, 1886.

[107] WAKEFIELD J. *The English Equivalents of Cantonese Sentence-final Particles: a contrastive analysis* [D]. Hong Kong: Hong Kong Polytechnic University, 2011.

[108] ZAMPARELLI R. *Layers in the Determiner Phrase* [D]. New York: University of Rochester. 1995.

[109] ZHANG N. Sentence-final Aspect Particles as Finite Markers in Mandarin Chinese [J]. *Linguistics*, 2018, 57: 967–1024.

[110] ZHANG P, LI J, LIANG R, FU Y, ZHUANG H. On le_2: Its Nature and Syntactic Status [D]. Heidelberg: Springer, 2018: 1–14.

[111] ZHUANG H. *Syntax-Semantics Mismatches: The Case of Fake Attributives in Chinese* [D]. Shandory: Shandong University, 2012.

[112] 曹广顺. 《祖堂集》中的"底"（地）、"却"（了）、"着" [J]. 中国语文, 1986 (3): 192–203.

［113］岑麒祥．关于汉语构词法的几个问题［J］．中国语文，1956
（12）：12-14.

［114］陈国华．从"的"看中心语构造与中心语的词类［J］．外语教学
与研究，2009（2）：92-98.

［115］陈建民．汉语里的节奏问题［J］．语言教学与研究，1979（2）：
60-69.

［116］陈宁萍．现代汉语名词类的扩大——现代汉语动词和名词分界线
的考察［J］．中国语文，1987（5）：379-389.

［117］陈琼瓒．修饰语和名词之间的"的"字研究［J］．中国语文，
1955（10）：22-27.

［118］陈玉洁．汉语形容词的限制性和非限制性与"的"字结构的省略
规则［J］．世界汉语教学，2009（2）：35-48.

［119］程工．语言共性论［M］．上海：上海外语教学出版社，1999.

［120］储泽祥．"底"由方位词向结构助词的转化［J］．语言教学与研
究，2002（1）：31-35.

［121］邓丹，石锋，冯胜利．韵律制约句法的实验研究——以动补带宾
句为例［J］．*Journal of Chinese Linguistics*，2008，36（2）：195-210.

［122］邓思颖．自然语言的词序和短语结构理论［J］．当代语言学，
2000（3）：138-154.

［123］邓思颖．以"的"为中心语的一些问题［J］．当代语言学，2006
（3）：205-212.

［124］邓思颖．"形义错配"与名物化的参数分析［J］．汉语学报，
2008（4）：72-79.

［125］邓思颖．"他的老师当得好"及汉语方言的名物化［J］．语言科
学，2009（3）：239-247.

［126］邓思颖．"形义错配"与汉英的差异［J］．语言教学与研究，
2010（3）：51-56.

［127］丁声树，吕叔湘，李荣，孙穗宣，管樊初，傅娟，黄盛璋，陈治

文．现代汉语语法讲话 [M]．北京：商务印书馆，1961．

[128] 范继淹．形名组合间"的"字的语法作用 [J]．中国语文，1958 (5)：213-217．

[129] 方光焘．研究汉语语法的几个原则性问题 [C] // 方光焘．语法论稿．南京：江苏教育出版社，1990．

[130] 冯春田．试论结构助词"底（的）"的一些问题 [J]．中国语文，1990 (6)：448-453．

[131] 冯胜利．论汉语的"韵律词" [J]．中国社会科学，1996 (1)：161-176．

[132] 冯胜利．汉语的韵律、句法与词法 [M]．北京：北京大学出版社，1997．

[133] 冯胜利．论汉语的自然音步 [J]．中国语文，1998 (1)：40-47．

[134] 冯胜利．汉语韵律句法学 [M]．上海：上海教育出版社，2000．

[135] 冯胜利．从韵律看汉语"词""语"分流之大界 [J]．中国语文，2001a (1)：27-37．

[136] 冯胜利．论汉语"词"的多维性 [J]．当代语言学，2001b (3)：161-174．

[137] 冯胜利．韵律词与科学理论的构建 [J]．世界汉语教学，2001c (1)：53-64．

[138] 冯胜利．汉语动补结构来源的句法分析 [J]．语言学论丛，2002，26：178-208．

[139] 冯胜利．动宾倒置与韵律构词法 [J]．语言科学，2004 (3)：12-20．

[140] 冯胜利．汉语韵律语法研究 [M]．北京：北京大学出版社，2005．

[141] 冯胜利．汉语韵律句法学（增订版）[M]．北京：商务印书馆，2013．

[142] 高名凯．汉语规定词"的"[J]．汉学，1944，1．

[143] 郭洁. 形容词修饰语的语法地位探析 [J]. 外语教学与研究, 2013 (6)：816-828.

[144] 何元建, 王玲玲. 论汉语中的名物化结构 [J]. 汉语学习, 2007 (1)：13-24.

[145] 贺川生, 蒋严. "XP+的"结构的名词性及"的"的语义功能 [J]. 当代语言学, 2011 (1)：49-62.

[146] 胡明扬. 北京话的语气助词和叹词 [J]. 中国语文, 1981 (5)：347-350；(6)：416-423.

[147] 胡裕树. 现代汉语 [M]. 上海：上海教育出版社, 1981.

[148] 胡裕树, 范晓. 动词、形容词的"名物化"和"名词化" [J]. 中国语文, 1994 (2)：81-85.

[149] 黄国营. 伪定语和准定语 [J]. 语言教学与研究, 1981 (4)：38-44.

[150] 黄国营. "的"字的句法、语义功能 [J]. 语言研究, 1982 (1)：101-129.

[151] 黄和斌. 质疑"两个问题"与"一个难题"——对布氏向心结构观的认识 [J]. 外国语, 2014 (4)：41-48.

[152] 黄景欣. 读《说"的"》并论汉语语法研究的几个方法论问题 [J]. 中国语文, 1962 (8-9)：361-373.

[153] 黄正德. "他的老师当得好" [R]. 中国社会科学院, 2004-6-22.

[154] 黄正德. 从"他的老师当得好"谈起 [J]. 语言科学, 2008 (3)：225-241.

[155] 季永兴. 谈《说"的"》[J]. 中国语文, 1965 (5)：363-364.

[156] 江蓝生. 处所词的领格用法与结构助词"底"的由来 [J]. 中国语文, 1999 (2)：5-15.

[157] 金立鑫. 关于"向心结构"定义的讨论 [J]. 语文导报, 1987 (7)：30-32.

[158] 孔令达. "名 1 +的+名 2"结构中心名词省略的语义规则 [J]. 安徽师范大学学报 (人文社科版), 1992 (1): 103-107.

[159] 兰佳睿. 再论"这本书的出版" [J]. 语文学刊, 2004 (1): 105-107.

[160] 黎锦熙. 新著国语文法 [M]. 上海: 商务印书馆, 1924.

[161] 李方桂. 汉语研究的方向——音韵学的发展 [J]. 幼狮月刊, 1974, 40 (6): 2-8.

[162] 李临定. 动词分类研究说略 [J]. 中国语文, 1990 (4): 248-257.

[163] 李晋霞. 双音动词作定语时"的"隐显的制约条件 [J]. 汉语学习, 2003 (1): 22-26.

[164] 李讷, 安珊笛, 张伯江. 从话语角度论证语气词"的" [J]. 中国语文, 1998 (2): 93-102.

[165] 林若望. "的"字结构、模态与违实推理 [J]. 中国语文, 2016 (2): 131-151.

[166] 刘丹青. 汉语形态的节律制约——汉语语法的"语音平面"丛论之一 [C] // 邵敬敏. 语法研究与语法应用. 北京: 北京语言学院出版社, 1994: 144-155.

[167] 刘丹青. 汉语名词性短语的句法类型特征 [J]. 中国语文, 2008 (1): 3-20.

[168] 刘丹青, 徐烈炯. 焦点与背景、话题及汉语"连"字句 [J]. 中国语文, 1998 (4): 5-14.

[169] 刘公望. 现代汉语的时体助词"的"[J]. 汉语学习, 1988 (4): 20-24.

[170] 刘礼进. 也谈"NP1 的 NP2 + V 得 R"的生成 [J]. 外国语, 2009 (3): 44-51.

[171] 刘敏芝. 汉语结构助词"的"的历史演变研究 [M]. 北京: 语文出版社, 2008.

[172] 刘宁生.论"着"及其相关的两个动态范畴 [J].语言研究，1985（2）：117-128.

[173] 刘月华.定语的分类和多项定语的顺序 [C] // 刘月华.语言学和语言教学.合肥：安徽教育出版社，1984：136-157.

[174] 刘月华，潘文娱，故韡.实用现代汉语语法 [M].北京：商务印书馆，2001.

[175] 刘振前，庄会彬."他的老师当得好"及相关句式——汉语伪定语的产生机制问题辨正 [J].当代外语研究，2011（7）：7-12+35.

[176] 龙果夫（А.А.Драгунов）.现代汉语语法研究 [M].郑祖庆，译.北京：科学出版社，1958.

[177] 陆丙甫.关于语言结构内向、外向分类和核心的定义 [J].语法研究和探索，1985，3：338-351.

[178] 陆丙甫.定语的外延性、内涵性和称谓性及其顺序 [J].语法研究和探索，1988，4：102-115.

[179] 陆丙甫.汉语"的"和日语"の"的比较 [J].现代中国语研究，2000（1）：106-112.

[180] 陆丙甫."的"的基本功能和派生功能——从描写性到区别性再到指称性 [J].世界汉语教学，2003（1）：14-29.

[181] 陆丙甫.作为一条语言共性的"距离—标记对应律" [J].中国语文，2004（1）：5-17+97.

[182] 陆丙甫.语序优势的认知解释（上）：论可别度对语序的普遍影响 [J].当代语言学，2005（1）：1-15.

[183] 陆丙甫.再谈汉语"的"和日语の的区别 [J].外国语，2008（3）：55-63.

[184] 陆俭明."的"的分合问题及其它 [J].语言学论丛，1963，5：219-231.

[185] 陆俭明.对"NP +的+VP"结构的重新认识 [J].中国语文，2003（5）：387-391.

［186］陆烁. 汉语定中结构中"的"的句法语义功能——兼谈词和词组的界限［J］. 中国语文，2017（1）：53-62.

［187］陆烁，潘海华. 定中结构的两分和"的"的语义功能［J］. 现代外语，2016（3）：326-336.

［188］陆志韦，等. 汉语的构词法（修订本）［M］. 北京：科学出版社，1964。

［189］吕必松. 关于"是……的"结构的几个问题［J］. 语言教学与研究，1982（4）：21-37.

［190］吕叔湘. 论"底""地"之辨及"底"字的由来［J］. 金陵、齐鲁、华西三大学中国文化研究汇刊，1943，3：229-238.

［191］吕叔湘. 中国文法要略（中卷）［M］. 上海：上海书店，1944.

［192］吕叔湘.《关于"语言单位的同一性"等等》订补［J］. 中国语文，1962（12）：582.

［193］吕叔湘. 现代汉语单双音节问题初探［J］. 中国语文，1963（1）：10-22.

［194］吕叔湘. 语文札记·"他的老师教得好"和"他的老师当得好"［J］. 中国语文，1965（4）：288-289.

［195］吕叔湘. 汉语语法分析问题［M］. 北京：商务印书馆，1979.

［196］吕叔湘. 近代汉语指代词［M］. 上海：学林出版社，1985.

［197］吕叔湘. 现代汉语八百词（增订本）［M］. 北京：商务印书馆，1999.

［198］马学良，史有为. 说"哪儿上的"及其"的"［J］. 语言研究，1982（1）：60-70.

［199］梅广. 国语语法的动词组补语［C］//屈万里先生七秩荣庆论文集. 台北：联经出版社，1978.

［200］梅祖麟. 词尾"底""的"的来源［J］."中央"研究院历史语言研究所集刊，1988，59（1）：141-172.

［201］任鹰."这本书的出版"分析中的几个疑点——从"'这本书的

出版'与向心结构理论难题"说起 [J]. 当代语言学, 2008 (4)：320-328.

[202] 杉村博文. "的"字结构承指与分类 [C] // 江蓝生, 侯精一. 汉语现状与历史的研究——首届汉语语言学国际研讨会文集. 北京：中国社会科学出版社, 1999：47-66.

[203] 邵敬敏. 现代汉语通 (1999) 论 (第二版) [M]. 上海：上海教育出版社, 2007.

[204] 沈家煊. "有界"与"无界" [J]. 中国语文, 1995 (5)：367-380.

[205] 沈家煊. 也谈"他的老师当得好"及相关句式 [J]. 现代中国语研究, 2007 (9)：1-12.

[206] 沈家煊. "移位"还是"移情"——析"他是去年生的孩子" [J]. 中国语文, 2008 (5)：387-395.

[207] 沈家煊. "名动包含"的论证和好处 [R]. 北京：中国人民大学, 2013-08-13.

[208] 沈家煊. 如何解决状语问题 [J]. 语法研究和探索, 2014, 17：1-22.

[209] 施关淦. "这本书的出版"中"出版"的词性 [J]. 中国语文通讯, 1981 (4)：8-12.

[210] 施关淦. 现代汉语里的向心结构和离心结构 [J]. 中国语文, 1988 (4)：265-273.

[211] 石定栩. 复合词与短语的句法地位 [J]. 语法研究和探索, 2002, 11：35-51.

[212] 石定栩. 名物化、名词化与"的"字结构 [C] // 中国语言学论丛 (第3辑). 北京：北京语言大学出版社, 2004：78-92.

[213] 石定栩. "的"和"的"字结构 [J]. 当代语言学, 2008 (4)：298-307.

[214] 石定栩. 无定代词与独立"的"字结构 [J]. 外语教学与研究, 2009 (2)：83-91.

[215] 石定栩. 限制性定语和描写性定语 [J]. 外语教学与研究, 2010 (5)：323-328.

[216] 石定栩, 胡建华. "了₂"的句法语义地位 [J]. 语法研究和探索, 2006, 13：94-112.

[217] 石毓智. 论"的"的语法功能的同一性 [J]. 世界汉语教学, 2000 (1)：16-27.

[218] 石毓智. 汉语的主语与话题之辨 [J]. 语言研究, 2001 (2)：82-91.

[219] 石毓智. 现代汉语语法系统的建立——动补结构的产生及其影响 [M]. 北京：北京语言大学出版社, 2003.

[220] 石毓智. 论判断、焦点、强调与对比关系——"是"的语法功能和使用条件 [J]. 语言研究, 2005 (4)：43-53.

[221] 石毓智. 语言学假设中的证据问题——论"王冕死了父亲"之类句子产生的历史条件 [J]. 语言科学, 2007 (4)：39-51.

[222] 石毓智, 李讷. 汉语发展史上结构助词的兴替——论"的"的语法化历程 [J]. 中国社会科学, 1998 (6)：165-179.

[223] 石毓智, 李讷. 汉语语法化的历程——形态句法发展的动因和机制 [M]. 北京：北京大学出版社, 2001.

[224] 史存直. "的"字是不是词尾？ [J]. 中国语文, 1954 (4)：9-14.

[225] 史有为. 表已然义的"的b"补议 [J]. 语言研究, 1984 (1)：253-259.

[226] 史有为. "的"字三辨 [C] // 现代中国语研究会. 现代中国语研究论集. 福冈：中国书店, 1999.

[227] 司富珍. 汉语的标句词"的"及相关的句法问题 [J]. 语言教学与研究, 2002 (2)：35-40.

[228] 司富珍. 中心语理论和汉语的 DeP [J]. 当代语言学, 2004 (1)：26-34.

[229] 司富珍 . 中心语理论和 "布龙菲尔德难题" ——兼答周国光 [J]. 当代语言学, 2006 (1): 60-70.

[230] 宋玉柱 . 关于时间助词 "的" 和 "来着" [J]. 中国语文, 1981 (4): 271-276.

[231] 肃父 . 不要把句义解释代替句法分析 [J]. 语文知识, 1956 (12): 11-13.

[232] 汤志真 . 汉语的 "的" 与英语的 "'s" [J]. "中央" 研究院历史语言研究所集刊, 1993, 63 (4): 733-757.

[233] 完权 . 从 "复合词连续统" 看 "的" 的隐现 [J]. 语法研究和探索, 2014, 17: 199-223.

[234] 完权 . "的" 的性质与功能 [M]. 北京：商务印书馆, 2016.

[235] 完权 . 说 "的" 和 "的" 字结构 [M]. 上海：学林出版社, 2018.

[236] 王冬梅 . "N 的 V" 结构中 V 的性质 [J]. 语言教学与研究, 2002 (4): 55-64.

[237] 王光全 . 过去完成体标记 "的" 在对话语体中的使用条件 [J]. 语言研究, 2003 (4): 18-25.

[238] 王光全, 柳英绿 . 定中结构中 "的" 字的隐现规律 [J]. 吉林大学社会科学学报, 2006 (2): 115-121.

[239] 王洪君 . 汉语的韵律词与韵律短语 [J]. 中国语文, 2000 (5): 525-536.

[240] 王力 . 中国现代语法（上册） [M]. 重庆：商务印书馆, 1943; 上海：商务印书馆, 1947.

[241] 王力 . 词和仂语的界限问题 [J]. 中国语文, 1953 (9): 3-8.

[242] 王力 . 汉语史稿（中册） [M]. 北京：科学出版社, 1958.

[243] 王力 . 汉语语法纲要 [M]. 上海：上海教育出版社, 1982.

[244] 王力 . 汉语语法史 [M]. 北京：中华书局, 1989.

[245] 王茂林 . 汉语自然话语韵律组块的优选论分析 [J]. 暨南学报,

2005（4）：85-87.

[246] 王远杰 . 再探多项定语"的"的隐现 [J]. 中国语文，2008（3）：64-68+98.

[247] 王志凯 . "那是"的对话衔接功能及其固化过程——兼论"是"的进一步语法化 [J]. 汉语学习，2007（3）：85-91.

[248] 威妥玛 . 语言自迩集——19世纪中期的北京话 [M]. 张卫东，译 . 北京：北京大学出版社，2002.

[249] 吴刚 . 汉语"的字词组"的句法研究 [J]. 现代外语，2000（1）：1-12.

[250] 吴怀成 . "准定语+ N + V 得 R"句式的产生机制 [J]. 语言科学，2008（2）：127-134.

[251] 吴长安 . 关于"VP 的₃"的第三种类型 [J]. 语法研究和探索，2006，13：237-245.

[252] 吴早生，郭艺丁 . 也谈"NP+的+VP"偏正结构 [J]. 语言科学，2018（4）：382-394.

[253] 项梦冰 . 论"这本书的出版"中"出版"的词性：对汉语动词、形容词"名物化"问题的再认识 [J]. 天津师大学报，1991（4）：75 - 80.

[254] 熊仲儒 . 以"的"为核心的 DP 结构 [J]. 当代语言学，2005（2）：148-165.

[255] 熊仲儒 . 语音结构与名词短语内部功能范畴的句法位置 [J]. 中国语文，2008（6）：523-534.

[256] 熊仲儒 . 汉语中词与短语的转类 [J]. 华文教学与研究，2010（3）：71-78.

[257] 熊仲儒 . 准领属性主谓谓语句的句法分析 [J]. 汉语学习，2015（3）：14-24.

[258] 徐阳春 . 关于虚词"的"及其相关问题研究 [D]. 上海：复旦大学，2003a.

[259] 徐阳春 . "的"字隐现的制约因素 [J]. 修辞学习，2003b（2）：

33-34.

[260] 徐阳春.也谈人称代词做定语时"的"字的隐现 [J].中国语文，2008 (1)：21-27.

[261] 杨炎华."他的老师当得好"的重新审视 [J].当代语言学，2014 (4)：396-409.

[262] 杨永忠."的"的句法地位及相关理论问题 [J].汉语学报，2008 (3)：51-63.

[263] 杨永忠."的"和"的"字结构再分析 [J].外国语，2010 (5)：30-40.

[264] 俞光中，植田均.近代汉语语法研究 [M].上海：学林出版社，1999.

[265] 袁毓林.从焦点理论看句尾"的"的句法语义功能 [J].中国语文，2003 (1)：3-16.

[266] 曾美燕.结构助词"的"与指示代词"这/那"的语法共性 [J].语言教学与研究，2004 (1)：105-107.

[267] 詹宏伟.用 X-阶标理论分析 DP 假说 [J].四川外语学院学报，2003 (6)：105-107.

[268] 詹卫东.关于"NP+的+VP"偏正结构 [J].汉语学习，1998 (2)：24-28.

[269] 张伯江.论"把"字句的句式语义 [J].语言研究，2000 (1)：28-40.

[270] 张伯江.功能语法与汉语研究 [J].语言科学，2005 (6)：42-53.

[271] 张静.新编现代汉语 [M].上海：上海教育出版社，1980.

[272] 张静.论词的跨类问题 [J].郑州大学学报（哲学社会科学版），1983 (1)：83-94.

[273] 张静.语言、语用、语法 [M].郑州：文心出版社，1994.

[274] 张丽霞，步连增.现代汉语双"的"连用现象的描写及来源探

析——以淄博方言为例 [J]. 山东理工大学学报（社会科学版），2008（5）：89-92.

[275] 张敏. 认知语言学和汉语名词短语 [M]. 北京：中国社会科学出版社，1998.

[276] 张念武. "的字词组"的句法分析 [J]. 外语学刊，2006（2）：71-76.

[277] 张振亚. 从"红的那个苹果"看语用—句法的互动 [J]. 世界汉语教学，2013（3）：346-361.

[278] 张志公. 汉语语法常识 [M]. 北京：中国青年出版社，1954.

[279] 章炳麟. 新方言 [M]. 北京：北京琉璃厂龙文阁，1915.

[280] 周国光. 对"中心语理论和汉语的 DeP"一文的质疑 [J]. 当代语言学，2005（2）：139-147.

[281] 周国光. 括号悖论和"的 X"的语感 [J]. 当代语言学，2006（1）：71-75.

[282] 周韧. "N 的 V"结构就是"N 的 N"结构 [J]. 中国语文，2012（5）：447-457.

[283] 周韧. 汉语语法中四音节和双音节的对立 [R], 中国社会科学院语言研究所语言学沙龙第 308 次，2014-03-20.

[284] 周韧. 汉语韵律语法研究中的双音节和四音节 [J]. 世界汉语教学，2019（3）：318-335.

[285] 周小兵. 广州话量词的定指功能 [J]. 方言，1997（1）：45-47.

[286] 朱德熙. 现代汉语形容词研究 [J]. 语言研究，1956（1）.

[287] 朱德熙. 说"的"[J]. 中国语文，1961（12）：1-15.

[288] 朱德熙. 句法结构 [J]. 中国语文，1962（8-9）：351-360.

[289] 朱德熙. 关于《说"的"》[J]. 中国语文，1966（1）：37-46.

[290] 朱德熙. "的"字结构和判断句 [J]. 中国语文，1978（1）：23-27；（2）：104-109.

[291] 朱德熙. 现代汉语语法研究 [M]. 北京：商务印书馆，1980.

[292] 朱德熙. 语法讲义 [M]. 北京：商务印书馆，1982.

[293] 朱德熙. 自指和转指：汉语名词化标记"的、者、之、所"的语法功能和语义功能 [J]. 方言，1983（1）：16-31.

[294] 朱德熙. 关于向心结构的定义 [J]. 中国语文，1984（6）：401-403.

[295] 朱德熙. 从方言和历史看状态形容词的名词化 [J]. 方言，1993（2）：81-100.

[296] 朱德熙. 朱德熙文集 [M]. 北京：商务印书馆，1999.

[297] 朱德熙，卢甲文，马真. 关于动词形容词名物化的问题 [J]. 北京大学学报（人文科学版），1961（4）：51-64.

[298] 祝敏彻.《朱子语类》中"地""底"的语法作用 [J]. 中国语文，1982（3）：193-197.

[299] 庄会彬."王冕死了父亲"句式的 CP 分裂假说解释 [J]. 外国语言文学，2013（4）：242-250.

[300] 庄会彬. DP 假说与汉语"的"字短语再议 [J]. 解放军外国语学院学报，2014a（3）：59-65.

[301] 庄会彬. 韵律语法视角下"的"的隐现原则 [J]. 语言研究，2014b（4）：65-74.

[302] 庄会彬. 现代汉语否定的句法研究 [M]. 北京：科学出版社，2015.

[303] 庄会彬. 论汉语"词"的根性 [J]. 汉语学习，2019（4）：77-86.

[304] 庄会彬，刘振前. 汉语合成复合词的构词机制与韵律制约 [J]. 世界汉语教学，2011（4）：497-506.

[305] 庄会彬，刘振前."的"的韵律语法研究 [J]. 汉语学习，2012（3）：34-42.

后 记

关于"的"的问题，我有着多年的思考，从 2012 年与导师刘振前教授合作在《汉语学习》上发表第一篇"的"的研究论文——《"的"的韵律语法研究》开始算起，我已经在这条路上走了八年有余。

八年，足以让一个咿呀学语的孩子成长为青春勃发的少年，可是我的研究之路，还是徘徊在那浩瀚的文献里，"剪不断、理还乱"的思绪，缥缈未定的结论。我知道，我也该给这份研究一个交代了。苦思八年，再不拿出一个像样的东西，真的是有点对不住自己的内心了。于是我就想着把这些年的思考认真整理出一个体系，写一本书。

然而，写书又谈何容易，我每日繁忙无比，还要拿出大量的时间追寻自己的爱好——教书育人，哪里还有什么时间静下心来完成这么一个鸿篇巨制?! 于是，这事儿一拖再拖，直到看着实在拖不下去了，我也只好硬着头皮把这个书稿拿了出来。

先是拿给恩师刘振前先生审阅。或许是我的紧张出卖了我，恩师于心不忍，还是给我了鼓励性的评价和中肯的建议，让我认真打磨发表。

其他同事也不吝溢美之词，纷纷给了我较高的评价和建设性的意见。几番修改下来，一本小书也就逐渐成型了。

书稿既定，回首过往，这一路走来，感慨亦油然而生。

还记得山东大学老校区那曾经昏黄的夜灯下，我一个人踽踽地走着，苦苦思索，夜深人静，唯一陪伴我的是那被灯光拉长的影子……

还记得，我博士毕业时，求职河大，李恬博士为我跑前跑后，无数奔波……牛保义教授时任院长，毅然拍板，为我夫妇谋得安身立命之所……

还记得，告别美国时，恩师李亚非教授的语重心长，Marlys Macken 教授那慈爱的目光……

还记得，父亲的嘱托，母亲的梦想——在那片贫瘠的土地上，他们用自己最朴素的语言诉说自己的希望……

还记得，年少时指点江山，激扬文字，风声雨声读书声声声入耳，家事国事天下事事事关心，胸藏宏图，心怀伟业，总想着要轰轰烈烈干一番惊天地泣鬼神的大事业，为人类做出不朽贡献！正所谓意气风发，踌躇满志……

然而，有一天豁然发现，当年那些胸怀和志向似乎少了许多。至于这样的变化是从何时变的？是具体怎么变的？却又说不出个所以然。也许，一切都像极了那个温水煮青蛙的著名实验，一点一点，一天一天，慢慢地，就让自己熟烂了……

但是，我还是要重拾这个"的"的研究。

是的，我也曾迷茫，"的"的研究，让我牵肠挂肚，欲罢不能，却又无从下手，一筹莫展；那时候，我也曾气馁，研究课题妖魅如"的"，费尽心机，我也未能抓住蛛丝马迹。

好在我有朋友每日促膝长谈，我有妻子每晚为我煲好的"心灵鸡汤"，我有孩子绕膝陪伴的欢声笑语；我还有打印纸的墨香、绚丽的文字、前人的连珠妙语……

就这样，八年过去后，我再也不用担心那个噩梦般的"的"，它被我一点点地刮掉了鳞片，露出了雪花般鲜美的肉质……

本书写作期间，同事对我体恤有加、关怀备至，学生给我无数的启迪和帮助，在此，一并致谢。

真心地向我的学生们道一声感谢和歉意。他们是（按入学先后顺序）刘

210

晖、孙亚会、付晓婷、梅来历、孔改华、尚梦雅、曹晓雪、梁瑞淑、余海霞、胡晓琳、杨迎春、丘笑笑、原雪、田良斌、孙文统。曾经，他们一天二十四小时、不舍昼夜地被我"拷问"语感，帮我甄别语料，希望他们没有受到太大的创伤，毕业后的语感还好，也祝愿他们不再遇到一个我这样的同人（colleague）。

文章定稿时，王蕾、马宝鹏、官琦帮我校对了文字及文献，特此致谢。

我还要向我在河南大学外语学院工作时的领导和同事表示深深的感谢。在我写作至为紧张的阶段，高继海院长慨然允准我把所授课程托付给聂宝玉老师，让我得以全心投入本书写作；这里我也特别感谢聂宝玉老师，在我研究进入瓶颈，自我感觉生不如死的时刻，她毅然决然替我承担了二年级的精读课程，给我留下了足够的时间冥想——事实上，这本书的理论框架完善主要是在这一时间完成的。杨朝军院长则时时关心写作的进度，还特意嘱咐学院资料室（应该说"专门为我"）购置了几套极为难得一见的期刊资料，为我的研究提供了极大的方便。李香玲院长不仅在排课上为我开了绿灯，还以"拼命三娘"的精神激励我更加努力——几乎是经常，我吃完晚饭在校园里踯躅时都会看见她一个人匆匆地奔向食堂最后的"残羹冷炙"，无须多问我已知道，饭后她又要回到办公室一直忙到很晚……在河大，我见到了许多传说中的大家，如徐盛桓、徐有志、张克定、牛保义、刘辰诞、张生汉、姜玲、辛永芬……在河大，我感受同事的亲情和温暖。那里的一切，我永远不会忘怀！

2021 年，我因工作生活需要，调到山东大学（威海）文化传播学院工作。人生地疏，四顾茫然，新单位的同事却送来了让我心中充满悸动的温暖：张红军院长对我的无知问题不厌其烦；于培丽书记、曲敏主任对我外出学术交流大行方便；尹海良院长对我生活烦恼排忧解难；还有许多同事（colleagues），如邓晓玲、李克、李杰、李艳娇、刘倩、刘琼、孟子艳、邱崇、孙光宁、于京一、周妍在学术上打气鼓励，生活上嘘寒问暖……在这里我找到了春天。

感谢我的家人。父母兄姊，四十多年，亲情不变，至爱人间；妻子与我相爱二十年，感情只如初见；两子相逐，欢声笑语，莫大慰藉。

人生走到今天，我才发现，自己原来是真真的语言学人，语言学已经成为自己的灵魂和血液。

书中部分文字曾以英文或中文在 Language and Linguistics（《语言暨语言学》2017）、Lingua（2017）、Chinese Lexical Semantics（2013，Springer 出版社）、《汉语学习》（2012）、《语言研究》（2014）等处刊载。其中也饱含了刊物编辑以及外审专家的心血，谨在此一并致谢。

本研究得山东大学（威海）文化传播学院出版基金（18ZDA291）资助。

庄会彬
2021 年春暖花开时于山东大学威海校园